주식 투자 책

비기너 편

THE BOOK FOR STOCK MARKET BEGINNERS

더 이상
미룰 수 없어서
시작했지만

뭐부터
해야 할지 몰라
고른 첫 번째 머니북

주식 투자 책

비기너 편

최광자 지음

경이로움

차근차근, 주식 첫걸음 안내서

혹시 좋아하는 게임이 있나요? 저는 대학 시절(2000~2001년) 디아블로라는 게임에 빠져 살았습니다.

디아블로는 캐릭터를 선택하여 1레벨부터 99레벨까지 키우는 게임입니다. 디아블로 같은 RPG 게임을 시작하면 초보자를 위한 친절한 안내와 더불어 '나의 레벨에 맞는' 사냥터가 제공됩니다. 그리고 게임에 따라 다르지만 슬라임, 토끼, 다람쥐 등 공격력과 방어력이 모두 약한 몬스터가 지속적으로 공급됩니다.

초보자는 초보자 사냥터에서 다람쥐를 사냥하면서 레벨과 스킬을 올립니다. 캐릭터를 컨트롤하는 법, 아이템을 사용하는 법, 무기와 방어구를 업그레이드하는 법 등을 익히기 위함이죠. 이런 과정을 거쳐 캐릭터는 점차 성장하고 게임 내의 더 강력한 몬스터와의 전투를 할 수 있게 됩니다.

현실 세계도 비슷합니다. 신생아는 방긋 웃기만 해도 칭찬받습니다. 자그마한 입으로 엄마를 부르기만 해도 칭찬받고, 숟가락으로 밥을 떠먹기만 해도, 화장실에서 큰일을 가리기만 해도 칭찬받습니다. 초등학교, 중학교, 고등학교를 거쳐 점차 사회에 적응할 수 있도록 교육하는 기간이 자그마치 12년입니다. 20살이 될 때까지 '초보자 사냥터'에서 슬라임을 잡으며 생존능력을 키워 갈 수 있는 셈입니다.

무려 12년간 초보자 사냥터에서 무기와 스킬을 갈고닦아서 사회에 진입하는 것과는 다르게 주식시장은 진입과 동시에 실전에 뛰어들게 됩니다.

회사에서 동료나 선배들과 이야기하다가, 혹은 뉴스를 보다가 다들 하는 것 같아서, 호재인것 같아서 무작정 주식투자를 시작합니다. 아무런 공부나 준비 없이 시작하는 사람들이 대부분입니다.

물론 주식시장에도 초심자의 행운이 발동합니다. 100만 원 소액으로 시작한 투자는 단 며칠 만에 3%의 수익을 가져다줍니다. 3만 원 수익금으로 그날 저녁 치킨을 시켜 먹으며 생각합니다. '내가 주식 투자 실력이 뛰어난 게 아닐까?'

투자금은 점차 100만 원에서 1,000만 원으로 1억 원으로 늘어납니다. 자본이 없다며 대출을 '땡기기'까지 합니다. '5% 금리 대출받아도 한 달에 10% 수익을 내면 훨씬 이익이지!' 하면서요.

　모두 예상하듯이, 초심자의 행운을 맛본 초보 투자자가 현실을 직시하는 것은 금방입니다. 1억 원을 투자하여 3%만 손실을 봐도 300만 원의 손실이 발생합니다. 월급 300만 원을 받는 직장인이었다면 한 달 월급을 고스란히 날렸다는 자괴감에 잠을 이룰 수 없게 됩니다. 더 큰 돈을 빌려 투자하면 원금을 회복할 수 있을 거라고 생각합니다. 그 뒤의 일은 말하지 않아도 다들 알 것이라 생각합니다.

　주식시장은 '나의 레벨보다 훨씬' 강력한 몬스터들이 참여하는 실전 필드입니다. 게다가 캐릭터 성장을 위한 초보자용 전용 몬스터나 전용 필드가 없습니다. 게임은 일정 기간 PvP(플레이어 간의 대결)가 제한되지만, 주식시장은 처음 진입한 초보자라고 봐주는 경우가 없습니다. 모든 플레이어가 모두 동일한 전장에 내던져지는 것입니다.

　희한하게도 가짜 돈을 가지고, 가짜 인생을 사는 RPG 게임은 죽지 않기 위해서 초보자 사냥터에서 열심히 레벨 업하면서도, 진짜 소중한 내 돈을 가지고, 진짜 내 인생을 걸고 하는 주식투자에서는 연습과 공부를 하지 않습니다. 주식시장이라는 게임판이 어떤 규칙을 가지고 있는지, 누가 강력한 플레이어인지, 어떤 스킬셋을 연습해야 하는지 같은 것들을 전혀 신경 쓰지 않은 채 무작정 돈부터 던지는 겁니다.

　100만 원을 투자할 때도 공부하지 않고, 1,000만 원을 투자할 때도 공부하지 않습니다. 1억 원을 투자할 때도 공부 없이 투자하는 사람이 생각보다 꽤 많습니다.

공부를 시작하는 때는 '돈을 잃었을 때'입니다. 그것도 아주 크게 잃었을 때부터 공부를 시작합니다. 소 잃고 외양간 고치기이지만, 외양간을 고쳐 놔야 새로운 소를 사다 키울 수 있으니까요. 늦었지만, 반드시 해야 하는 공부입니다.

저 역시 마찬가지였습니다. 2005년 입사 이후 펀드가 유행이어서 차이나 펀드, 러시아 펀드, 브라질 펀드 등 어떤 상품인지도 모른 채 투자한 브릭스 펀드에서 대차게 손해를 보고, 원금 회복을 위해 투자했던 IT 중소기업 주식에서 또다시 원금의 30% 이상을 날려 먹었습니다. 이후에도 꾸준히 주식을 했지만 한 번도 주식이 뭔지, 어떤 회사에 투자해야 하는지를 알기 위해서 공부해 본 적이 없었습니다.

2019년부터 다시 투자를 시작한 이후 2020년 코로나 이후 급등하는 미국 주식에 올라타 직장인 기준으로 큰돈을 벌었습니다. 제 실력인 줄 알았습니다. 투자하는 종목마다 20~30%의 상승률은 기본이었으니까 말이죠.

2021년이 되어 고점에 이른 주식시장이 하락하기 시작했습니다. 밈 주식에 기대어 수천만 원을 날릴 적도 있었습니다. 2020년 벌었던 수익을 모두 까먹은 뒤에야, 제가 주식에 대해서 전혀 모른다는 것을 깨달았습니다. 공부를 시작했고, 공부한 기록을 블로그에 남겼습니다.

공부를 하면 할수록 2005년부터 2024년까지의 나는 아무런 장비도 갖추지 못한 채 고레벨 캐릭터가 우글대는 사냥터에서 몬스터를 잡겠다고 진출한 1레벨짜리 쪼랩 초보자였다는 것을 여실히 느꼈습니다. 제가 수익을 낸 건 제 실력이 아닌, 시장 상황이 좋았기 때문이었다는 것도 알았습니다.

이후 좋은 회사를 고르는 법, 좋은 종목을 고르는 법을 공부했습니다. 국내 시장과 미국 시장, 주식과 ETF의 공통점과 차이점에 대해서도 공부했습니다. 주식으로 소득이 생기면 내야 하는 세금에 대해서도 공부했습니다. 노후 준비를 주식과 ETF로 할 수 있는 연금 상품에 대해서도 공부했습니다.

이 책은 그 과정을 정리한 것입니다. 레벨 1의 초보 사냥꾼이 사냥터로 나가기 전에 알아야 할 것들을 기록했습니다. 공부 없이 주식시장에 뛰어드는 것은 초보자가 변변한 무기 없이 고레벨 사냥터에 뛰어드는 것과 같습니다. 자신이 번 소중한 돈을 걸고 도박을 할 수는 없으니까요. 그것도 잃을 확률이 90%가 넘는 도박에 말이죠.

저는 지금도 제 주식 레벨이 높다고 생각하지 않습니다. 제가 알고 있는 시장에만 투자하며, 제가 모르면 알고자 노력합니다. 여전히 금리, 환율, 채권, 원자재, 선물 등은 모르는 영역입니다. 그러나 좋은 회사를 고르는 법과 좋은 주식을 고르는 법을 안다면 최소한 사냥터에 뛰어들 레벨 정도는 된다고 생각합니다.

부디 주식 초보자라면 반드시 기초체력을 갖춘 뒤 싸움터에 뛰어들길 바랍니다. 최소한 초보자용 칼과 갑옷은 바꾼 채 전투에 임하세요. 주식시장은 초보자 배려가 전혀 없는 전쟁터니까요. 이 책이 진짜 투자를 시작하기 위한 기초체력을 갖추는 데 도움을 줄 것입니다.

최광자

차례

2부 좋은 주식 찾기

투자는 내 돈을 가지고 참여하는 완벽한 실전입니다. 무모하게 '이론은 따분하고 재미없어!'라며 아무런 공부 없이 주식시장에 뛰어들기에는 우리의 돈이 너무 소중하죠.

주식투자의 성패는 기본기로 갈립니다. 기본기가 탄탄해야 응용도 가능하고 성과도 낼 수 있습니다. 주식투자는 종류도 방법도 다양한데, 어떤 투자를 하든 주식의 기초는 제대로 알고 있어야 합니다. 1부에서는 주식의 아주 기초적인 내용을 살펴보겠습니다.

좋은 주식
찾기

주식이란 무엇일까?

딱 5가지만 알면
재무제표가 쉬워진다

초보자가 투자하기 좋은 회사는 규모가 크고, 안정적으로 돈을 벌고 있는 회사입니다. 즉 시가총액이 크면서 매출과 영업이익이 꾸준히 나는 회사가 좋다고 할 수 있습니다. 너무 당연한 이야기이지만, 이런 기본을 무시하고 경험이 없는 상태에서 코스닥에 상장한 아주 작으면서 이익도 내지 못하는 회사에 미래 비전만 보고 투자하는 경우도 실제로 많습니다. 시가총액이 크고 꾸준한 영업이익을 내는가는 초보자가 투자할 회사를 고를 때 명심해야 할 첫 번째 지표라고 할 수 있습니다.

두 번째는 벌어들이는 돈과 보유한 자산에 비해서 주가가 과대평가되어 있지 않아야 합니다. 회사가 좋은 제품을 만들어 팔면서 돈을 많이 벌지만, 그에 비해 주가가 너무 높다면 투자한 금액을 회수하는 데 시간이 걸릴 수밖에 없습니다. 계속해서 영업이익이 나겠지만, 지금 주가를 만족하려면 수십 년간 영업이익이 증가해야 한다면, 그 회사는 좋은 투자처라 할 수 없습니다.

회사가 보유한 자산에 비해 주가가 과하게 높은 경우도 좋은 주식이 아닙니다. 극단적으로 회사가 망했을 때 보유한 자산을 매각해 투자자가 투자한 만큼 돌려줘야 하는데, 그것마저 안 된다면 투자해서는 안 되는 종목이겠죠.

세 번째는 회사에 투입된 자본에 비해 벌어들이는 돈이 적으면 안 됩니다. 투자하는 회사가 좋은 상품과 서비스를 만들어 많은 돈을 벌어 와야 좋은 회사입니다. 자본금이 100억 원이고 영업이익이 1억 원인 기업보다 자본금이 10억 원이지만 영업이익은 5,000만 원인 회사가 더 좋은 회사라고 할 수 있죠.

이렇듯 좋은 주식을 찾기 위해 알아야 할 재무 관련 평가지표 5가지가 있습니다. 지금부터 구체적으로 살펴보겠습니다.

☑ **기업가치의 5가지 평가지표**

• 시가총액

• EPS: 주당순이익

• PER: 주가수익비율

• PBR: 주가순자산비율

• ROE: 자기자본이익율

시가총액

시가총액이란 회사의 주식 수와 현재 주식의 가격을 곱해 계산한 것으로 회사가 발행한 주식의 전체 규모입니다. 예를 들어 100주를 발행한 회사의 주식가격이 10만 원이라면 이 회사의 시가총액은 1,000만 원이라고 계산할 수 있습니다.

우리나라 최대 기업인 삼성전자의 시가총액은 2024년 5월 13일 기준 467조 원입니다. 발행주식 수 59억 6,878만 주와 주식가격 7만 8,300원을 곱하면 삼성전자의 시가총액을 계산할 수 있습니다.

시가총액의 '시가'는 수산시장 등에서 많이 쓰이는 바로 그 단어입니다. 정확한 의미로는 '시장에서 상품이 판매되는 가격'을 의미합니다. 즉 현재 삼성전자 주식이 시장에서 판매되는 가격을 모두 더한 것이 시가총액이라 할 수 있습니다.

시가총액은 회사의 규모를 판단하는 데 쓰입니다. 그러나 주의해

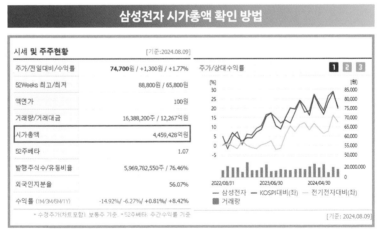

삼성전자 시가총액 확인 방법

출처:네이버페이 증권

야 할 것은 시가총액 자체가 회사의 절대적인 가치라고 볼 수는 없다는 것입니다. 물론 주식의 가격에는 회사의 가치가 녹아들어 있지만, 미래에 창출할 가치를 모두 반영하고 있는 것은 아닙니다. 따라서 시가총액이 크다고 해서 좋은 기업일 것이라는 판단은 오판일 가능성이 무척 높다는 사실을 알고 있어야 합니다.

국내 코스피와 코스닥의 시가총액 1~10위를 살펴보겠습니다. 코스피의 1위는 삼성전자이며, 시가총액은 467조 원입니다. 2위는 반도체 전문기업인 SK하이닉스, 3위는 2차전지기업인 LG에너지솔루션이 차지하고 있습니다.

반면 코스닥의 대장주는 2차전기 관련주인 에코프로비엠으로 시가총액은 17조 5,260억 원입니다. 계열사인 에코프로는 3위이며, 알테오젠, HLB, 삼천당제약 등 의약품 제조업을 영위하는 기업들이 상위권에 랭크되어 있습니다. 재미있는 것은 코스닥 1~10위의 시가총액을 모두 합쳐도 77조 수준이며, 이는 코스피의 시가총액 1위 기업인 삼성전자 시가총액의 1/7 정도 수준입니다. 삼성전자가 얼마나 큰 회사인지 새삼 알 수 있는 부분입니다.

참고로 미국에서 가장 시가총액이 높은 회사는 아이폰과 아이패드로 유명한 애플(4,486조 원)이고, 이어서 마이크로소프트(4,116조 원)이며 그다음은 인공지능용 반도체 생산으로 유명한 엔비디아(3,517조 원)가 차지하고 있습니다.

아이폰을 앞세운 애플과 인공지능과 클라우드에서 약진하고 있

국내 코스피 시가총액 순위

N	종목명	현재가 (원)	시가총액 (억 원)	매출액 (억 원)	영업이익 (억 원)	당기 순이익 (억 원)	보통주 배당금 (원)	PER (배)
1	삼성전자	74,700	4,459,428	2,589,355	65,670	154,871	1,444	25.77
2	SK 하이닉스	171,500	1,248,524	327,657	−77,303	−91,375	1,200	−27.07
3	LG에너지 솔루션	322,000	753,480	337,455	21,632	16,380	N/A	102.35
4	삼성바이오 로직스	960,000	683,270	36,946	11,137	8,577	N/A	76.32
5	현대차	243,000	508,881	1,626,636	151,269	122,723	11,400	5.61
6	삼성전자우	59,500	489,618	N/A	N/A	N/A	N/A	20.52
7	셀트리온	196,000	425,307	21,764	6,515	5,397	500	82.35
8	기아	101,900	407,456	998,084	116,079	87,778	5,600	4.33
9	KB금융	81,900	330,476	774,828	64,353	45,634	3,060	7.9
10	POSCO 홀딩스	325,500	275,279	771,272	35,314	18,458	10,000	18.2
11	신한지주	54,000	275,072	394,329	61,009	44,780	2,100	6.49
12	NAVER	163,700	265,863	96,706	14,888	9,850	1,205	18.22
13	삼성물산	141,100	250,853	418,957	28,702	27,191	2,550	11.65
14	삼성SDI	310,000	213,170	227,083	16,334	20,660	1,000	11.84
15	LG화학	286,000	201,894	552,498	25,292	20,534	3,500	22.38
16	현대모비스	212,500	197,615	592,544	22,953	34,233	4,500	5.8
17	HD현대 중공업	212,000	188,199	119,639	1,786	247	N/A	254.81
18	삼성생명	90,000	180,000	309,370	23,984	20,337	3,700	9.94
19	하나금융 지주	60,300	176,291	696,936	46,934	34,684	3,400	5.28
20	삼성화재	351,000	166,286	208,247	23,573	18,216	16,000	9.31

출처: 네이버페이 증권, 2024년 8월 20일 기준

국내 코스닥 시가총액 순위

N	종목명	현재가 (원)	시가총액 (억 원)	매출액 (억 원)	영업이익 (억 원)	당기 순이익 (억 원)	보통주 배당금 (원)	PER (배)
1	에코프로비엠	179,200	175,260	69,009	1,560	547	N/A	− 181.19
2	알테오젠	302,000	160,509	965	− 97	− 36	0	622.68
3	에코프로	90,500	120,490	72,602	2,982	1,353	0	− 34.52
4	HLB	82,000	107,293	429	− 1,250	− 2,060	0	− 77.5
5	삼천당제약	163,800	38,423	1,927	96	− 42	N/A	− 397.57
6	엔켐	161,800	33,633	4247	30	− 501	0	− 8.39
7	셀트리온제약	79,900	33,236	3,888	361	213	24	201.77
8	휴젤	261,500	32,960	3,197	1,178	977	0	32.96
9	리가켐바이오	88,700	32,435	341	− 808	− 737	0	− 53.73
10	클래시스	50,000	32,000	1,801	896	742	200	39.68
11	리노공업	195,800	29,845	2,556	1,144	1,109	3,000	25.77
12	실리콘투	45,250	27,545	3,429	478	380	0	47.73
13	펄어비스	42,600	27,370	3,335	− 164	152	N/A	146.9
14	레인보우로보틱스	121,800	23,629	153	− 446	− 8	N/A	− 207.85
15	HPSP	26,400	21,895	1,791	952	804	150	30.56
16	JYP Ent.	56,700	20,147	5,665	1,694	1,050	574	21.05
17	이오테크닉스	157,300	19,379	3,164	283	364	450	57.6
18	넥슨게임즈	28,850	18,996	1,933	120	113	0	− 2219.23
19	솔브레인	242,500	18,863	8,440	1,335	1,310	2,000	14.41
20	파마리서치	172,000	17,979	2,610	923	773	950	23.25

출처: 네이버페이 증권. 2024년 8월 20일 기준

미국 시가총액 순위			
순위	기업	시가총액(원)	시가총액(달러)
1	애플	4,486조 원	3조 2,871억 달러
2	마이크로소프트	4,116조 원	3조 155억 달러
3	엔비디아	3,517조 원	2조 5,769억 달러
4	구글	2,764조 원	2조 250억 달러
5	사우디 아람코	2,422조 원	1조 7,890억 달러
6	아마존	2,389조 원	1조 7,504억 달러
7	메타	1,788조 원	1조 3,089억 달러
8	버크셔 헤서웨이	1,260조 원	9,230억 달러
9	일라이릴리	1,157조 원	8,475억 달러
10	TSMC	986조 원	7,227억 달러

2024년 8월 20일 기준, 환율 1,370원 적용

는 마이크로소프트는 1위 자리를 놓고 쟁탈전을 펼치고 있습니다. 챗GPT가 등장하면서 엔비디아가 1위로 올라서기도 했지만, 2024년 8월 20일 현재는 3위에 머물러 있습니다. 그 뒤를 구글과, 아마존, 메타(구 페이스북)가 뒤쫓고 있습니다. 버크셔 해세웨이를 제외하면 대부분 나스닥에 포함된 IT 기업들이라는 점이 특징입니다.

여기까지 시가총액에 대해서 살펴보았습니다. 그런데 시가총액은 주식 수가 많고, 주가가 높은 것을 의미하지, 회사가 진짜로 수익을 내고 있는지에 대해서까지 알려 주지는 않습니다. 그럼 진짜로 회사가 돈을 벌어 오고 있는지에 대해서 알아볼 수 있는 지표는 없을까요?

EPS: 주당순이익

시가총액은 단순한 지표입니다. 시가총액이 높다고 해서 무조건 좋은 기업이라고 할 수는 없습니다. 반대의 경우도 마찬가지입니다. 그래서 가장 많이 쓰는 평가지표가 바로 EPS 주당순이익입니다. EPS는 Earning Per Share, 즉 회사가 발행한 주식 1주당 벌어들이는 이익을 말합니다. 전체 순이익을 기업이 발행한 주식 수로 나누어 구할 수 있습니다. 이 지표는 기업의 현재 가치를 나타내는 것으로 기업이 1주당 얼마나 많은 이익을 만들어 내는지를 알려 줍니다.

• EPS = 연간 순수익 ÷ 회사의 총주식 수

예를 들어 500주를 발행한 (주)광자전자가 올해 영업을 잘해서 1,000만 원을 벌어 왔다고 합시다. 이때 광자전자는 발행주식 1주당 2만 원을 벌어 온 셈이 됩니다. 이렇게 벌어 온 돈을 전체 주식 수로 나눈 것이 EPS이고, 따라서 광자전자의 EPS는 2만 원이 됩니다.

• EPS = 1,000만 원 ÷ 500주 = 2만 원/주

이처럼 EPS는 1년간 회사가 벌어들인 순이익을 회사가 발행한 총주식 수로 나누면 구할 수 있습니다. 회사가 발행한 주식 수는 회

출처:네이버페이 증권

사의 공시에서 확인할 수 있고, 1년간 벌어들인 순이익 또한 회사의 실적공시에서 확인할 수 있죠.

　EPS를 알기 위해서 당기순이익이 얼마인지, 발행주식 수가 얼마인지 찾아보는 것도 좋습니다. 네이버에서 해당 회사를 검색하면 쉽게 알 수 있기 때문에 개별적으로 계산할 필요는 없습니다. 네이버페이 증권에서 삼성전자를 검색해 보면 투자 정보에서 다양한 지표를 볼 수 있습니다. 이 중에 EPS로 표시된 값을 보면 되는데, 삼성전자의 2024년 1월 29일 EPS는 4,704원임을 알 수 있습니다.

　통상 EPS는 높을수록 좋은 기업이라고 평가받습니다. EPS가 높다는 건 순이익이 많을 가능성이 크기 때문입니다. 증자를 하지 않는 이상 회사가 발행한 총주식 수가 늘어날 가능성은 거의 없으니까요(증자란 주식을 발행해 회사의 자본금을 증가시키는 것이며, 뒤의 '유상증자/무상증자' 챕터에서 자세하게 다룰 예정임). 1주당 1,000원을 버는 것과 1주당 10만 원을 버는 회사 중 좋은 회사는 당연히 후자일 겁니다.

또한 어느 한 기업의 EPS는 작년의 EPS와 비교해 얼마나 상승했는지, 얼마나 하락했는지도 중요합니다. 이를 EPS의 상승률이라고 하는데, EPS가 증가한다는 것은 곧 순이익이 증가한다는 뜻과 같으므로 결국 EPS 상승률이 높을수록 회사가 벌어들이는 돈이 매년 증가하고 있다고 판단해도 틀리지 않습니다.

PER: 주가수익비율

기업이 존재하는 이유는 이익을 내기 위해서입니다. 이익을 내지 못하는 기업은 아무리 좋은 기술과 이념을 갖추었다고 한들 투자를 받기 어렵습니다. 이익을 내는 회사는 매출이 늘어남과 동시에 이익이 증가합니다. 이러한 현상을 수치로 판단할 수 있게 해주는 지표가 바로 PERPrice Earning Ratio, 주가수익비율입니다.

PER은 주식의 가격price과 회사의 이익earning 사이의 비율입니다. 현재 거래되는 주식의 가격과 회사가 벌어들이는 수익이 어떤 관계를 보이는지를 알려 주는 지표입니다. 현재의 주가를 1주당 순이익(EPS)으로 나누어 계산해 낼 수 있습니다. 혹은 현재 시가총액을 순이익으로 나누어 보아도 동일하게 계산할 수 있습니다.

• **PER = 현재의 주가 ÷ 1주당 순이익(EPS) = 시가총액 ÷ 순이익**

삼성전자 주가를 검색해 볼까요? 2024년 8월 9일 현재의 주가는 7만 4,700원입니다. 투자 정보를 보면 PER을 볼 수 있는데 25.77배로 나오고 있습니다. 최근 4분기 EPS를 이용해 주식 PER을 계산하면 25.77배가 조금 넘는 지표가 구해진다는 뜻입니다.

25.77배라는 게 어떤 것을 의미할까요? 기업의 현금창출능력이 현재 주가의 25.77배라는 것을 의미합니다. 즉 이 회사 주식을 1주 사서 앞으로 25년을 보유하면 회사의 이익으로 주식가격을 모두 회

출처:네이버페이 증권

수할 수 있게 됩니다.

주가가 동일한 상태에서 회사가 벌어들이는 돈이 많아질수록 PER 지표는 작아집니다. 거꾸로 주가가 동일한데 PER이 크다면 EPS가 작다는 의미입니다. 즉 회사의 현금창출능력에 비해서 주가가 높게 평가된 기업이라고 볼 수 있습니다.

- -

· PER: 이 회사가 지금 수준으로 돈을 벌면 몇 년 안에 투자금을 회수할 수

  있는지를 나타내는 지표

· PER = 현재 주가 ÷ 1주당 예상순이익

· 높을수록 고평가, 낮을수록 저평가

- -

PER이 절대적인 지표를 가지지 못한다는 것은 너무도 당연한 말입니다. 업종마다 벌어들이는 이익의 크기가 다르기 때문에 단순하게 주식의 가격과 EPS만을 계산해서 만든 지표 하나로 회사의 유망 여부를 판단할 수는 없습니다.

다만 업종별로 평균적인 PER이 있기 때문에 이것보다 낮은 경우 저평가된 기업, 높은 경우 고평가된 기업이라고 1차로 필터링해 볼 수 있습니다.

모든 투자자는 자신만의 기준이 있어야 합니다. 저는 15를 기준으로 높은지 낮은지를 보고 있습니다. 물론 PER 말고도 다른 지표들을 모두 확인해야 합니다.

흔히 주식 PER을 이야기할 때 재주를 부리는 개를 이야기하는 경우가 많습니다. 어떤 개가 한 마리 있는데, 이 개는 덤블링과 말을 할 줄 압니다. 그래서 1년간 공연을 하면서 100만 원을 벌어 옵니다. 여러분이라면 이 개를 얼마에 사시겠나요? 못해도 최소한 100만 원은 넘을 것입니다. 왜냐하면 1년만 데리고 있으면서 공연을 하면 투자금을 모두 회수하고도 남기 때문이죠.

1,000만 원이라면 사시겠나요? 저라면 고민을 해 보겠지만, 앞으로 10년만 데리고 다니면서 공연을 시키면 원금을 회수하고 그 이후부터는 수익권이니 그것도 할 만하다고 생각합니다. 개의 가격이 1억 원이라면 살까요? 그러지는 않을 겁니다. 왜냐하면 이 개가 무려 100년간 일해야 벌어 올 수 있는 금액이기 때문입니다. 질병은 차치하고 나이

가 차서 100살까지는 살지 못할 테니까요. 이런 상황에서 개의 적정 가격은 얼마로 볼 수 있을까요? 제 생각에는 500만~1,000만 원 정도가 될 거 같습니다. 즉 1년에 100만 원 벌어 오는 개는 5~10배 정도를 주고 사는 게 맞다는 뜻이죠.

PER도 똑같습니다. PER이 10배라면 일 년에 5,000원 벌어 오는 회사의 주식이 5만 원에 팔리는 것과 같습니다. PER이 1배라면 일 년에 5,000원 버는 회사의 주식이 5,000원에 팔리게 되는 것이죠. 이 회사의 주식이 1년만 가지고 있어도 투자금을 모두 회수할 수 있는 것입니다.

PER이라는 지표는 회사의 장래성을 파악하는 데 유용한 지표입니다. 다만 이 지표의 절대적인 수치가 의미를 갖는 것은 아니며, 반드시 업종의 평균을 확인하고 동일 업종의 다른 기업들과 비교해야 합니다. 또한 PER이 낮다고 무조건 저평가된 회사라고 판단해서도 안 됩니다. 회사가 벌어들이는 돈은 그대로지만, 어떤 이슈에 의해 주가가 크게 떨어졌을 수도 있기 때문입니다.

그럼 더 정확한 판단을 위해서는 어떤 지표를 추가적으로 확인해야 할까요?

PBR: 주가순자산비율

기업은 다양한 자산을 보유하고 있습니다. 제조업이라면 제조 공장과 공장 부지를 보유하고 있을 것입니다. 또 공장 내부에는 기계 장비와 운반장비 역시 보유하고 있을 테지요. 선박이나 비행기 등을 보유한 기업도 있습니다. 현금을 많이 보유한 기업도 있습니다. 이외 투자자산이 많은 기업도 있습니다.

이처럼 기업이 보유한 다양한 자산의 가치와 현재 기업의 주가를 비교한 값을 PBRPrice Book Ratio, 즉 주가순자산비율이라고 합니다. 기업이 시장에서 평가받는 가격인 주가와 지금 기업이 가진 모든 자산의 가치를 비교한 값입니다.

• PBR: 지금 회사를 모두 청산해서 팔면 얼마나 투자금을 돌려받을 수 있는지를 나타내는 지표
• 기업의 장부상 청산가치와 현재 주가의 비율
• PBR = 현재 주가 ÷ 1주당 순자산
• 높을수록 고평가, 낮을수록 저평가

회사의 가치를 평가할 때 현재 팔고 있는 매출액과 벌고 있는 이익이 무척 중요하고 이는 PER에 반영되어 있습니다. 그러나 매출과 이익 말고도 현재 보유한 자산도 기업의 가치평가에 무척 중요합니

다. 자산이 많다는 것은 기업의 가치가 높다는 의미가 되죠.

현재의 주가를 앞서 구한 주당순자산으로 나누게 되면 PBR 즉 주가순자산비율을 구할 수 있습니다.

순자산이란 회사를 지금 당장 청산했을 때 받을 수 있는 현금이라고 생각할 수 있습니다. 해당 기업이 당장 오늘 밤 망해서 주주들에게 남은 자산을 모두 청산해 나눠 주어야 할 때 현재의 주가 대비 얼마나 많은 자산을 받을 수 있을까를 알려 주는 지표로 쓰이기도 합니다.

만약 어떤 회사의 주가가 5,000원이고 주당순자산이 1만 원이라고 한다면 PBR은 0.5가 되겠죠. 이 값의 의미는 무엇일까요?

이 회사를 팔아서 얻은 현금을 주식 수대로 나누면 1만 원이 됩니다. 이 회사가 망하면 주주들에게 주당 1만 원씩을 나누어 주고 청산해 버린다는 의미이지요. 5,000원짜리 주식을 가지고 있을 뿐인데 1만 원을 준다니 정말 대박 회사 아닌가요?

- -

- 낮은 PBR을 가진 주식 = 보유한 자산에 비해 가격이 낮음 = 저평가 주식
- 높은 PBR을 가진 주식 = 보유한 자산에 비해 가격이 높음 = 고평가 주식

- -

따라서 통상적으로 PBR은 1을 넘습니다. 회사를 모두 팔아서 돈

출처:네이버페이 증권

을 준다면 현재 주가보다는 적기 때문입니다. 반대로 PBR이 1을 넘지 못하는 회사라면 회사 자산을 모두 청산해서 현금화한다면 주식 보유자에게 주가보다 더 큰 금액을 지급하게 된다는 뜻입니다. 즉 주식 PBR은 1 이하면 저평가된 상태입니다. 주당순자산이 높게 평가되었든 주가가 낮게 평가되었든 그렇습니다. 통상 순자산의 가격이 급격히 변할 리 없으니 주가가 낮게 평가되어 있는 상태라고 보는 게 맞겠죠.

LG전자의 경우 PBR은 1.14배가 나옵니다. 회사를 팔면 주주들에게 현재 주가인 12만 5,400원을 1.14배로 나눈 값인 11만 원을 지급할 수 있다는 이야기가 됩니다.

PER과 마찬가지로 PBR 역시 완벽한 지표는 아닙니다. 특히 자산의 건전성이 중요한 기업의 경우 PBR이 아주 중요하게 쓰이긴 하

주요 금융주 PBR 현황

종목명	시가총액	주당순이익	배당금(원)	PER	PBR
우리금융지주	108,938	3,243	1,000	4.52	0.34
제주은행	2,969	191	100	48.38	0.51
하나금융지주	176,291	11,416	3,400	5.28	0.43
BNK금융지주	30,856	1,956	510	4.9	0.3
DGB금융지주	13,312	1,960	550	4.02	0.22
기업은행	107,094	3,424	984	3.92	0.34
JB금융지주	27,448	3,028	855	4.65	0.53
상상인	1,331	−509	−	−4.72	0.19
KB금융	330,476	10,366	3,060	7.9	0.54
신한지주	275,072	8,324	2,100	6.49	0.51
카카오뱅크	102,778	764	150	28.21	1.67

출처: 네이버페이 증권, 2024년 8월 20일 기준

지만 그렇지 않은 기업의 경우 상대적으로 소홀히 여겨지기도 합니다.

자산가치란 현금이나 토지, 기계장기, 건물 등등을 말하는데, PBR이 자산가치를 공식에 넣어서 계산하고 있다는 것은, 그만큼 자산가치를 중요하게 생각하는 산업군을 평가할 때 이 지표가 중요하게 사용된다는 뜻입니다. 금융기관이나 장치산업 등을 평가할 때 아주 많이 사용되죠.

만약 PBR이 0.1인 기업을 찾았다고 하죠. 이 기업을 팔아서 현금화한다면 현재의 주주들에게 투자한 금액보다 10배의 투자수익을 낼 수 있다는 뜻이죠. 이런 기업이 있다면 무조건 사야 할까요?

주식 PBR은 안전마진을 의미하기도 합니다. PBR이 낮은 회사라면 정말 회사가 난장판이 되어 가진 모든 자산을 판다고 해도 주주들에게는 주식가격보다 더 큰 금액을 돌려줄 수 있기 때문입니다. 투자자 입장에서는 최소한 내가 투자한 금액을 지킬 수 있다는 안정감을 줄 수 있습니다.

재미있게도 자산가치는 벤처기업이나 IT 기업보다는 전통적인 굴뚝산업에 속한 업종이 높습니다. 자동차를 만들려면 공장이 있어야 하고 그러려면 땅을 사야 하는데, 이 땅이 시간이 지날수록 가격이 오르기 때문입니다. 따라서 굴뚝산업에 속한 기업들은 상대적으로 위험에서 버티기도 좋습니다. 정 안 되면 땅 팔아서 돈 나눠 주고 회사 청산하면 된다는 마인드를 가지기도 쉽다는 뜻입니다.

PBR이 낮은 대표적인 업종은 무엇일까요? 전통적으로 금융 관련주들이 PBR이 낮습니다. DGB금융지주(0.22배), BNK금융지주(0.3배), 우리금융지주(0.34배), 기업은행(0.34배), 기업은행(0.34배) 등등입니다. 이외 제주은행, 상상인, KB금융 등도 상대적으로 PBR 값이 낮습니다.

이렇게 금융주, 특히 은행 관련 종목들의 PBR 값이 낮은 이유는 무엇일까요? 통상적으로 은행업에 대한 발전 기대감이 없기 때문입니다. 투자자들이 은행이나 증권주에 투자하는 가장 큰 이유는 배당입니다. 그런데 문제는 은행이나 금융주가 배당하는 것을 나라가 심하게 제한한다는 것입니다.

밸류업 프로그램의 영향을 받은 삼성화재 주가

출처: 네이버페이 증권

배당을 받기 위해 투자자들이 몰려야 하는데 시도 때도 없이 나라에서 배당을 못 하게 하거나 줄이라고 하니 주가가 오를 리 없습니다. 이렇게 오르지 않는 주가로 인해 예대금리차에 따른 영업이익이 많다고 하더라도 PBR은 낮은 수준인 경우가 대부분입니다.

이에 정부는 2024년 2월 PBR 1 이하 기업에 대한 밸류업 프로그램을 도입한다고 발표했습니다. 상장사가 PBR과 ROE를 비교 공시하고 기업가치 개선 계획을 공표할 것을 권고하는 프로그램입니다. 배당의 확대와 자사주 소각 등의 조치를 취하면 이에 대한 세제혜택과 지수 포함, 스튜어드십 코드 반영 등의 혜택을 제공할 계획입니다. 이 제도의 도입으로 다양한 PBR 1 이하의 기업들의 주가가 상승했습니다. 가장 대표적인 기업으로는 삼성화재와 LG입니다.

밸류업 프로그램의 영향을 받은 LG 주가

출처: 네이버페이 증권

ROE: 자기자본이익율

ROE는 Return On Equity의 약자로서 자기자본이익률이라고 부릅니다. 회사의 부채를 제외한 순자산 대비 얼마나 많은 돈을 벌고 있는지를 나타내는 대표적인 수익성 지표입니다.

- ROE: 투입된 자본을 사용해 얼마의 이익을 내고 있는지를 알려 주는 지표
- ROE = 당기순이익 ÷ 평균자기자본
- ROE가 높을수록 좋은 기업일 가능성이 높음

내 회사가 10억 원의 자기자본(주주지분)을 가지고 회사를 운영해 올해 1억 원을 벌었다면 10%의 ROE를 가지고 있다고 할 수 있습니다. ROE가 20%라면 10억 원의 자기자본을 가진 회사가 2억 원의 이익을 냈다고 이해할 수 있죠. ROE가 높다는 건 이처럼 투입한 자본에 비해 당기순이익을 많이 냈다는 뜻입니다. 효율적인 경영활동이 진행되고 있기 때문에 투자자의 수익률을 높여 준다고 이해할 수 있습니다.

통상 ROE는 회사채 수익률보다 높으면 양호하다고 봅니다. 당연히 시중의 정기예금 금리보다는 높아야 하고요. 이것보다 낮으면 회사주식에 투자할 필요 없이 그냥 정기예금에 저축하는 게 훨씬 이익이라는 뜻입니다.

ROE 수치가 높을수록 투자금 대비 당기순이익이 많으며, 효율성이 높고, 수익성이 좋다고 파악할 수 있습니다. 미국의 워런 버핏은 ROE 15% 이상을 꾸준히 유지하는 기업에 대해 투자를 고려한다고 할 만큼 ROE는 투자 대상을 선별하는 기준이 됩니다.

우리나라의 반도체 관련 종목 중에서 ROE가 15% 이상 3년간 유지된 종목을 찾아볼까요?

가장 먼저 리노공업이라는 회사입니다. 이 회사는 반도체 검사용 소켓을 만드는 기업으로서 2021년부터 2023년까지 연속 20% 이상의 ROE를 유지하고 있으며, 2024년에도 19.63%의 ROE가 예상되고 있습니다. 덕분에 주가도 1년 전에 비해 2배 이상 상승한 상태입니다(2023년 5월 10만 원대, 2024년 8월 20만 원대).

리노공업의 ROE 확인 방법

주요재무정보	최근 연간 실적				최근 분기 실적					
	2021.12	2022.12	2023.12	2024.12 (E)	2023.03	2023.06	2023.09	2023.12	2024.03	2024.06 (E)
	IFRS 별도	IFRS 별도	IFRS 별도	IFRS 별도	IFRS 별도	IFRS 별도	IFRS 별도	IFRS 별도	IFRS 별도	IFRS 별도
매출액(억원)	2,802	3,224	2,556	2,881	491	751	734	580	549	748
영업이익(억원)	1,171	1,366	1,144	1,292	173	336	333	302	233	327
당기순이익(억원)	1,038	1,144	1,109	1,163	157	386	292	274	206	301
영업이익률(%)	41.80	42.38	44.75	44.83	35.16	44.67	45.40	52.16	42.48	43.70
순이익률(%)	37.05	35.47	43.40	40.36	32.04	51.40	39.76	47.26	37.56	40.24
ROE(%)	27.50	25.11	21.12	19.63	22.63	21.29	18.00	21.12	23.26	
부채비율(%)	11.65	7.77	4.63		16.32	8.09	8.65	4.63	14.04	
당좌비율(%)	704.77	1,000.23	1,549.58		505.08	954.77	924.16	1,549.58	527.78	
유보율(%)	5,411.70	6,402.10	7,240.43		6,011.15	6,518.83	6,902.73	7,240.43	6,913.91	

출처: 네이버페이 증권

다음으로 한미반도체입니다. 역시 반도체 관련 기업으로 AI용 반도체의 메모리로 사용되는 HBM을 제조하는 장비를 만드는 기업입니다. 미국의 AI반도체 기업인 엔비디아가 낙점한 SK하이닉스의 HBM 메모리 반도체를 만들기 위한 장비를 공급하고 있습니다.

한미반도체는 2021년부터 34%, 25%, 55%의 엄청난 ROE 효율을 보여 주었습니다. 2024년 역시 40% 이상의 ROE를 보일 것으로 예상되고 있습니다. 호황을 탔다고 해도 이 정도의 ROE가 연속으로 4년 이상 나오는 기업이라면 주가 상승도 만만치 않을 것이라고 예상할 수 있습니다. 실제 2023년 5월 4만 원대에서 거래되던 종목이 2024년 5월에는 15만 원대에 거래되면서 4배에 가까운 상승을 보이기도 했습니다. 물론 그 이후에는 시장 침체에 따른 하락으로 10만 원대까지 다시 내려오긴 했지만요.

한미반도체 ROE 수치

기업실적분석

더보기 ›

주요재무정보	최근 연간 실적				최근 분기 실적					
	2021.12	2022.12	2023.12	2024.12 (E)	2023.03	2023.06	2023.09	2023.12	2024.03	2024.06 (E)
	IFRS 연결	IFRS 연결	IFRS 연결	IFRS 연결	IFRS 연결	IFRS 연결	IFRS 연결	IFRS 연결	IFRS 연결	IFRS 연결
매출액(억원)	3,732	3,276	1,590	6,204	265	491	312	522	773	1,255
영업이익(억원)	1,224	1,119	346	2,569	21	112	29	184	287	464
당기순이익(억원)	1,044	923	2,672	2,862	1,332	340	147	854	696	365
영업이익률(%)	32.80	34.15	21.74	41.40	7.82	22.78	9.30	35.27	37.13	37.00
순이익률(%)	27.99	28.16	168.02	46.14	502.02	69.25	47.01	163.48	90.02	29.11
ROE(%)	34.59	25.04	55.54	40.46	48.96	44.67	37.66	55.54	36.10	
부채비율(%)	23.78	16.75	26.57		18.33	14.66	14.20	26.57	23.37	
당좌비율(%)	203.20	295.18	213.27		184.34	430.87	379.18	213.27	235.11	
유보율(%)	2,622.89	2,958.28	4,628.91		3,852.39	4,162.83	4,278.56	4,628.91	5,177.09	

출처: 네이버페이 증권

한미반도체 주가 현황

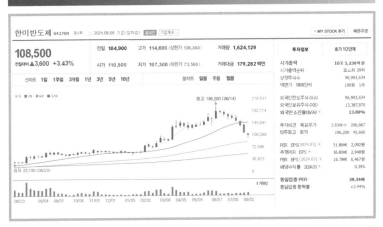

출처: 네이버페이 증권

어떤 지표를 봐야 할까?

기업에 투자할 때 시가총액 포함 5개의 지표 중 무엇을 보고 투자해야 할까요? 5개의 지표는 별개로 보아선 안 됩니다. 한 기업이 지닌 가치를 어떤 측면으로 바라보느냐의 차이일 뿐 5개의 지표를 종합적으로 판단해야 합니다.

평가지표와 기업의 가치평가

주식의 가치란 '기업이 영위하는 사업이 얼마큼의 가치를 가지는가'에 더해 '보유하고 있는 자산이 얼마큼의 가치를 가지는가'입니다.

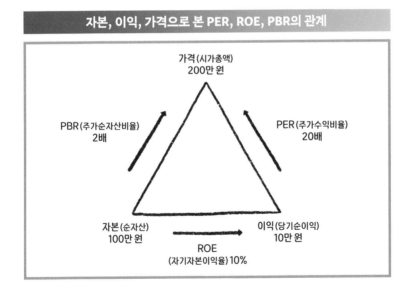

자본, 이익, 가격으로 본 PER, ROE, PBR의 관계

따라서 주식의 가치를 평가하기 위해서는 사업의 가치를 평가할 수 있어야 하며, 자산의 가치를 평가할 수 있어야 합니다. 이를 모두 더해 발행주식 수로 나누면 1주당 가치를 산출할 수 있게 되고, 지금의 가격과 비교해 고평가되었는지, 저평가되었는지 확인할 수 있습니다.

기업에 투자할 때 명심해야 할 점이 있습니다. 결국 재무제표를 보거나 다른 데이터를 살펴보는 것은 모두 과거에 의존하고 있다는 것입니다. 주가는 과거의 상태에 따라 미래가 결정되는 것이 아닙니다. 따라서 기업의 가치평가를 위해서는 다음과 같은 질문에 스스로 답할 수 있어야 합니다.

- 기업이 어떻게 돈을 벌고 있는가?
- 돈을 벌고 있는 이유는 무엇인가?
- 앞으로도 계속 벌 수 있을까?
- 얼마나 벌 수 있을까?

이 질문에 대한 답을 생각하면서 투자하려는 기업의 평가지표를 함께 고려한다면 더욱더 좋은 투자를 할 수 있을 것입니다.

주식의 가격이 변하는 이유

주식의 가격은 기업의 가치가 반영된 수치입니다. 기업의 가치를 정확하게 객관적으로 계산해 반영할 수 있다면 누구나 합의할 수 있는 주식가격을 결정할 수 있을 것입니다. 그러나 기업의 가치에 대한 평가는 사람마다 시기마다 달라질 수밖에 없습니다. 어떤 사람은 삼성전자의 적정 가치를 5만 원이라고 생각할 수 있고, 어떤 사람은 삼성전자의 적정 가치를 1만 원이라고 생각할 수도 있습니다.

이런 차이 때문에 주식시장이 만들어지는 것이고, 주식의 거래가 가능해집니다. 만약 모든 사람이 생각하는 회사 주식의 가치가 동일하다면 누구도 팔고 싶어 하지 않고, 사고 싶어 하지 않게 되고, 결국 거래 자체가 이루어지지 않을 것입니다.

같은 회사를 두고 모두 다르게 가치를 측정하기 때문에 그 측정 결과에 따라 적정하다고 보는 가격이 달라집니다. 만약 자신이 측정한 가치에 준하는 적정 가격보다 시장에서 거래되는 가격이 싸다면 그 주식을 매수하려고 할 것입니다. 반면 그 사람에게 주식을 파는 사람은 본인이 추정한 가치보다 회사 주식의 가격이 저렴하기 때문에 판매하려고 하는 것입니다.

이는 사실상 측정 지표라고 불리는 5가지 지표가 객관적인 비교 수단은 되지만, 회사의 가치를 절대적으로 판단하는 데는 별 도움이 없다는 것을 알려 줍니다. 게다가 지표 자체는 과거의 회사의 매출과 순이익, 배당, 자산, 주가 등을 반영하고 있을 뿐 회사의 주요 사업 분야에 대한 업황 등은 전혀 반영하고 있지 못하다는 문제점이 있습니다.

주식시장에는 달리는 말에 올라타라는 말이 있습니다. 이 말은 업황이 지는 분야보다는 뜨는 분야에서 사업을 하는 회사에 투자하라는 말입니다. 업황이 지는 분야에서 잘 파는 회사보다, 뜨는 분야에서 사업을 하는 회사에 투자하는 것이 훨씬 유리하다는 말과도 같습니다. 사양산업보다는 첨단산업에서 영업하는 회사에 투자하라는 이야기죠.

또한 경영자의 인성 문제도 회사의 주가에 크게 영향을 받습니다. 그러나 PER이나 ROE 같은 객관적인 지표는 경영자의 인성 문제는 전혀 반영하지 못합니다. 사업을 잘하고 돈을 잘 벌고 있었지만, 경영진의 도덕적인 이슈로 인해서 사세가 급격히 기울고 회사의 주가가 급격히 빠지는 것도 흔히 볼 수 있는 문제입니다.

물론 미리 파악이 불가능한 문제도 있습니다. 예를 들면 임직원들의 배임이나 횡령 문제 등입니다. 임플란트 업계에서 1위를 달리던 오스템임플란트가 대표적인 예시입니다. 사업을 잘하고 돈도 잘 벌고 있었지만 직원 한 명의 엄청난 배임과 횡령으로 인해 주가는 하락했고, 결국 회사는 상장폐지 사태를 겪게 되었습니다. 이 회사에 투자하던 개미 투자자들에게는 날벼락이 아닐 수 없습니다.

| 마법 같은 지표가 있을까?

결론만 말하자면, 그런 지표는 없습니다. 주식시장에 고점과 저점을 정확히 예측해 수익을 낼 수 있다는 유튜브 광고 등이 판을 치고 있습니다. 저 또한 진짜로 그런 것이 있을 것이라고 생각해서 다양한 광고에 이끌려 돈을 지불해 보기도 했습니다.

어떤 사람들은 볼린저 밴드나 MACD 같은 초보자들이 잘 모르는 객관적 지표를 내세워 이것이야말로 주식시장을 예측할 수 있게 해주는 마법 같은 지표라는 이야기를 하기도 합니다. 이 지표에 따라 매수·매도를 하면 수익을 얻을 수 있다는 것이죠.

그러나 이는 완벽한 거짓입니다. 앞서 이야기했듯 주식의 가격은 과거의 지표에 의해 결정되는 것이 아닙니다. 절대 그렇지 않습니다. 과거의 무엇으로부터 현재의 무엇을 예측할 수 있는 것은 물리적인 세계에서나 가능한 일이지, 주식시장에서는 불가능합니다. 예를 들어 차량이 시속 60km로 달린다면 1시간 이후 60km 지점에 도착한다는 것은 누구나 단정지어 말할 수 있습니다. 그러나 삼성전자 주식이 지난주에 60% 하락했다고 해서 이번 주에 20% 혹은 30%가 상승한다고 단정지을 수는 없습니다. 예측이야 가능하고 예측이 틀릴 수는 있지만, 미래에 반드시 그렇게 된다고는 아무도 말할 수 없는 것이죠.

그렇기에 주식시장이 내가 예측한 대로 된다고 말하는 사람은 멀

주식투자에는 여러가지 방법이 있습니다. 저렴하게 사서 비싸게 파는 시세 차익을 노리는 방식이 대표적입니다. 그러나 이외로 많은 사람들이 매달, 혹은 매 분기 회사에서 지급하는 배당을 받기 위해 주식투자를 하려 합니다. 과연 배당은 무엇이고, 배당주의 매력은 무엇이길래 배당주 투자자가 이렇게 많은 것일까요?

3부

마음 편한
배당주 투자

배당이란 무엇일까?

기업이 만들어 낸 순이익이나 보유한 현금 중 일부를 주주들에게 보유한 주식만큼 나누어 주는 것을 배당이라고 합니다. 이는 회사에 투자한 주주에게 기업의 이익을 직접적으로 나누어 줌으로써 주주 가치를 증대시킬 수 있는 강력한 수단 중 하나입니다.

김주주와 그 친구 A가 돈을 모아 주식회사를 차렸다고 합시다. 김주주는 회사의 대표가 되어 회사를 열심히 운영해 2024년에 5,000만 원의 순이익을 냈습니다. A와 대표 김주주는 서로 합의해 3,000만 원은 회사의 매출 증대를 위한 공장을 증축하는 데 쓰고 나머지 2,000만 원은 서로 1,000만 원씩 나누어 가지기로 했습니다. 이렇듯 주주들이 각자 투자한 지분에 맞게 이익을 나누어 가지는 것을 배당이라고 하며, 각자가 받은 1,000만 원이 배당금이 되는 것입니다.

주식회사의 경우도 동일합니다. 만약 B라는 주식회사가 발행한 주식이 100주이며 김주주와 A 그리고 Mr. Bob이 각각 50주, 30주, 20주씩 보유하고 있는 상황이라고 가정해 보겠습니다. 2025년에도 회사가 잘 운영되어 순이익이 1억 원이 발생했습니다. 회사의 이사회는 순이익 1억 원 중 5,000만 원은 회사 공장의 설비 개선을 위해 투자하기로 합니다. 나머지 5,000만 원을 각 주주들에게 분배하기로 했습니다. 이것이 배당금이며 분배의 비율은 전체 주식 수에서 본인이 보유한 주식 수만큼 계산할 수 있습니다.

- 김주주: 5,000만 원 × 50주 ÷ 100주 = 2,500만 원

- A: 5,000만 원 × 30주 ÷ 100주 = 1,500만 원

- Mr. Bob: 5,000만 원 × 20주 ÷ 100주 = 1,000만 원

김주주는 50/100만큼의 배당금을 받을 수 있습니다. 전체 배당재원이 5,000만 원이니 김주주가 받아 가는 배당금은 2,500만 원이 됩니다. A는 30/100만큼인 1,500만 원을 받아 가고, Mr.밥은 20/100만큼인 1,000만 원을 받아 갑니다.

이렇게 회사가 벌어들인 이익 중 일부를 주주들에게 지분에 따라 분배해 지급하는 과정을 배당이라고 하며, 지급한 금액을 배당금이라고 합니다. 배당에 대해서 알아야 할 것들을 자세히 알아보겠습니다.

| 배당을 하는 이유

기업이 열심히 제품을 생산하고 판매해서 이익이 발생했다면 은행에 저축하거나, 생산설비에 재투자하거나 임직원들에게 급여나 보너스로 지급할 수도 있습니다. 그럼에도 불구하고 기업은 왜 이익을

주주들에게 나누어 주는 것일까요?

회사가 배당을 하는 이유는 다양합니다. 그중 가장 중요한 이유는 회사에 투자해 준 주주들에게 이익금을 환원하기 위해서입니다. 이를 주주환원정책이라고 합니다. 대표적인 주주환원정책이 바로 배당이며, 배당 외에도 자사주 소각 등을 통해 주주들이 보유한 주식의 가치를 유지하거나 높여 주는 방식이 있습니다.

배당을 하는 이유는 지속적인 투자를 유도하기 위함이기도 합니다. 회사가 성장하려면 지속적인 투자를 받아야 합니다. 회사가 배당을 지속하고 있다는 것은 기업이 배당을 할 만큼의 수익이 나고 있다는 것입니다. 투자자 입장에서는 계속해서 이익이 나고 있는 회사라는 점에서 더 큰 투자 매력을 느낄 수 있게 됩니다. 투자은행이나 해외의 전략적 투자자를 유치하기 훨씬 쉬워지겠죠.

한국 대기업 회장 배당금 금액				
총수	그룹	배당액 순위	기업 공정자산총액 순위 (재계 서열)	2023년 수령액 (2022년 배당액)
이재용	삼성	1	1	3,048억 1,552만 원
정의선	현대차	2	3	1,139억 8,697만 원
구광모	LG	3	4	752억 9,015만 원
최태원	SK	4	2	650억 9,466만 원
정몽윤	현대해상	5	68	386억 4,762만 원
이재현	CJ	6	13	311억 356만 원
신동빈	롯데	7	5	309억 7,101만 원
조현준	효성	8	29	304억 967만 원

배당을 하는 또 다른 이유로는 대주주에게 배당금을 지급하기 위함입니다. 회사의 주식을 가지고 있긴 하지만 그게 대주주 개인의 돈은 아닙니다. 따라서 회사의 이익에서 현금을 뽑아내기 위한 방법으로 배당을 사용합니다. 삼성전자의 이재용 회장이 삼성전자 주식 배당으로 매년 수천억 원씩 가져가는 것을 보면 배당의 힘이 얼마나 대단한지 알 수 있습니다.

2023년 한 기사에 따르면, 공정거래위원회가 지정한 대기업집단 76개사 총수 배당금을 전수조사한 결과 이재용 회장의 배당금은 3,048억 원으로, 대기업 총수들 중 압도적으로 많은 배당금을 받는다고 합니다. (출처: 아시아경제, '초격차' 이재용 배당금 3000억…정의선·구광모·최태원 합보다 많아, 2023.3.9)

| 모든 회사가 배당을 할까?

우리나라에는 많은 기업이 배당을 실시하고 있습니다. 대표적인 기업이 바로 삼성전자입니다. 삼성전자는 매분기별로 현금배당을 실시하고 있으며, 연말 특별배당을 실시하기도 합니다.

하지만 모든 기업이 배당을 지급하는 것은 아닙니다. 2022년 기준 국내의 자료를 살펴보면 코스피에서 배당을 실시하는 회사의 수는 568개입니다. 상장사의 숫자가 927개 정도이니 전체의 61% 정도만 배당을 하고 있습니다. 코스닥에 상장된 전체 회사는 1,465개이며, 이 중 602개만 배당을 하고 있으니, 41% 정도만 배당을 실시하고 있습니다.

배당을 실시하지 않는 이유는 무엇일까요? 아직 성장해야 하는 기업은 배당을 해서 현금을 지급하는 것보다는 벌어들인 돈을 기술 개발에 쓰는 편이 더 주주 친화적이라고 생각하기 때문입니다. 기술을 개발해 주가를 올리는 것이 결국 주주의 이익이 된다고 생각하는 것이죠.

최근 5개년 12월 결산 상장법인의 시장별 배당금 지급 현황								
구분	유가 증권 시장			코스닥			합계		
	회사 수 (개사)	배당금 (억 원)	비율(%)	회사 수 (개사)	배당금 (억 원)	비율(%)	회사 수 (개사)	배당금 (억 원)	비율(%)
2018년	553	215,295	93.7	553	14,486	6.3	1,106	229,781	100.0
2019년	538	209,814	93.0	551	15,713	7.0	1,089	225,527	100.0
2020년	539	330,280	95.0	554	17,547	5.0	1,093	347,827	100.0
2021년	568	283,733	92.8	587	21,897	7.2	1,155	305,630	100.0
2022년	568	263,732	92.4	602	21,550	7.6	1,170	285,282	100.0
전년 대비	–	△20,001 (△7.0)		15	△347(△1.6)		15	△20,348(△6.7)	

출처: 한국예탁결제원

대표적인 기업으로는 미국의 테슬라가 있습니다. 테슬라는 2010년 6월 29일에 17달러로 상장해 2번의 주식분할을 거쳐 2024년 8월 현재는 213.21달러에 거래되고 있습니다. 주식분할을 고려한다면 현재의 가격은 3,195달러라고 볼 수 있고 이는 상장 이후 188배의 성장을 이룬 것과 같습니다. 순이익이 나지만 모든 순이익은 다시 회사의 주요 제품 개발비로 사용하며, 이를 통해 회사를 성장시키고 결국 주가를 끌어올리는 효과를 만들어 냅니다.

통상적으로 배당을 하지 않는 기업들은 기술 테크주들이 많습니다. 이제 막 신기술을 발명하고, 새로운 서비스를 만들어 상장하고 투자금을 받아 회사를 키워 가는 경우 이익이 나지 않을 가능성이 높으며 이익이 난다고 하더라도 배당보다는 성장에 더 신경을 쓰기 때문입니다.

반면 배당을 많이 하는 기업은 성장이 정체된 기업이라고 할 수 있습니다. 더 이상 혁신적인 기술 개발이 예상되지 않는 영역에서 사업을 하고 있는 기업일 가능성이 큽니다(나쁜 기업이라는 뜻이 아님).

국내의 대표적인 배당주로 알려진 KT&G의 경우 담배와 인삼 관련 상품을 만들어 판매하는 기업입니다. 담배 소비 인구는 계속해서 줄어들고 있기 때문에 더 이상의 성장이 어려운 회사라고 할 수 있습니다. 그러나 여전히 담배를 피우는 사람들은 담배를 사야 하고, KT&G는 국내에서 유일하게 담배를 생산하고 판매할 수 있는 기업입니다. 따라서 매년 이익이 어느 정도 날 것인지는 예측이 가

KT&G 주당배당금 현황

기업실적분석

더보기 ›

주요재무정보	최근 연간 실적				최근 분기 실적					
	2021.12	2022.12	2023.12	2024.12 (E)	2023.03	2023.06	2023.09	2023.12	2024.03	2024.06 (E)
	IFRS 연결	IFRS 연결	IFRS 연결	IFRS 연결	IFRS 연결	IFRS 연결	IFRS 연결	IFRS 연결	IFRS 연결	IFRS 연결
매출액(억원)	52,284	58,514	58,626	58,800	13,957	13,360	16,895	14,414	12,923	13,927
영업이익(억원)	13,384	12,676	11,673	11,891	3,165	2,461	4,067	1,980	2,366	2,714
당기순이익(억원)	9,718	10,053	9,224	10,549	2,742	2,019	3,333	1,129	2,856	2,750
영업이익률(%)	25.60	21.66	19.91	20.22	22.68	18.42	24.07	13.73	18.31	19.49
순이익률(%)	18.59	17.18	15.73	17.94	19.65	15.11	19.73	7.83	22.10	19.75
ROE(%)	10.74	11.00	9.76	11.38	11.43	9.58	7.79	9.76	10.18	
부채비율(%)	26.37	31.45	37.41		35.85	30.57	40.63	37.41	44.53	
당좌비율(%)	140.16	140.05	123.89		130.73	143.02	122.83	123.89	106.35	
유보율(%)	960.43	1,012.04	996.16		979.35	998.87	1,011.69	996.16	957.28	
EPS(원)	7,118	7,399	6,615	8,082	1,970	1,463	2,286	877	2,168	1,791
PER(배)	11.10	12.37	13.14	12.45	11.27	12.87	16.16	13.14	13.76	51.37
BPS(원)	76,336	80,114	81,326	83,336	77,609	79,058	80,458	81,326	79,986	
PBR(배)	1.03	1.14	1.07	1.21	1.08	1.05	1.07	1.07	1.17	
주당배당금(원)	4,800	5,000	5,200	5,467		1,200		4,000		
시가배당률(%)	6.08	5.46	5.98			1.45		4.60		
배당성향(%)	58.93	57.24	65.45			69.49		383.97		

출처: 네이버페이 증권

능하고, 이를 토대로 배당을 실시합니다. 배당을 기대해 KT&G를 매수하고, 보유하는 주주들이 많기 때문에 주가는 항상 비슷한 수준을 유지한다는 특징이 있습니다.

보통주와 우선주

배당을 지급하는 주식을 배당주라고 합니다. 모든 주식이 배당을 지급할까요? 그렇지 않습니다. 배당주에도 다양한 종류가 있습니다. 정확히 이야기하자면 주식의 종류가 여러 개이지만, 여기서는 배당에 관련된 이야기를 하고 있기 때문에 배당주 종류로 한정하도록 하겠습니다.

✅ **주식의 종류**

• 보통주: 표준이 되는 주식, 가장 많은 주식 수와 거래량을 보임

• 우선주: 보통주보다 배당, 재산 배분에서 우선순위를 가짐

• 후배주: 보통주보다 배당, 재산 배분에서 낮은 순위를 가짐

*통상적으로 국내에서는 보통주와 우선주가 발행되어 거래됨

　주주는 회사의 주식을 보유하는 사람을 지칭하며 모든 주식의 내용은 모두 동일합니다. 이재용의 삼성전자 주식 1주나 김주주의 삼성전자 주식 1주나 동일한 권리를 가진다는 뜻입니다. 그러나 상법상 정해 놓은 몇 가지 예외에 의해, 주식회사는 권리의 내용을 다르게 만든 주식을 발행할 수 있습니다. 대표적으로 이익배당이나 회사 청산 시 잔여재산 분배 권리 등을 다르게 지정한 주식 등을 발행할 수 있도록 인정하고 있죠.

이럴 때 가장 먼저 발행된 표준이 되는 주식을 '보통주'라고 합니다. 보통주보다 우선되는 권리를 가지는 주식을 '우선주'라고 합니다. 이외에 보통주보다 권리 행사가 뒤에 가능한 '후배주', 이들이 혼합된 '혼합주' 등이 있지만, 우리나라에서는 통상 '보통주'와 '우선주'가 널리 발행되어 있습니다.

| 보통주

보통주란 가장 먼저 발행된 주식의 종류를 말합니다. 보통주를 발행하지 않고 다른 종류의 주식을 발행할 수는 없습니다. 따라서 같은 회사에서 발행한 모든 주식의 가장 표준이 되는 주식이기도 합니다. 주식의 종류가 하나라면 그 자체가 보통주이며 차이를 알 필요도 없습니다.

보통주에는 주주로서의 권리가 명시되어 있습니다. 주주로서 배당을 받을 권리, 회사 청산 시 잔여재산을 분배받을 권리, 주주총회에 참여할 권리, 즉 의결권 등을 가진 표준이 되는 주식입니다.

우리나라 국민주인 삼성전자로 따지면 '삼성전자(005930)'가 삼성전자의 본주, 즉 보통주가 됩니다. 가장 많은 거래량과 상장주식 수를 가지며, 주가 변동과 거래량도 가장 많습니다.

삼성전자 보통주의 거래량과 거래대금, 상장주식 수

출처: 네이버페이 증권

우선주

보통주에 비해 권리를 우선해서 행사할 수 있는 주식 종류입니다. 쉽게 말해 우선주는 보통주에 비해 '배당금'을 우선해서 배당받을 권리가 있다고 이해하면 좋습니다. 통상의 우선주는 종목명 뒤에 '우'가 붙습니다. 보통주는 '삼성전자', 우선주는 '삼성전자우' 같은 식입니다.

당연히 우선주가 보통주보다 시가총액도 작고, 상장주식 수, 거래량, 거래대금 모두 적습니다. 상대적으로 높은 건 배당금과 배당수익률입니다. 이런 현상은 우선주가 보통주에 비해서 배당금을 먼저 받을 수 있는 것과 관련이 있습니다.

주주들에게 모두 같이 주는 배당금인데, 왜 배당금을 더 주고, 배당금을 먼저 준다고 하는 것일까요? 이를 이해하기 위해서는 주식회사에서 주식을 보유한 주주가 가지는 의결권을 이해해야 합니다.

주식 1주는 1의결권을 가지고 있습니다. 그래서 많은 주식을 가진 대주주들은 본인들이 원하는 방향으로 회사를 이끌어 갈 수 있습니다. 각 회사들의 총수들이 주식을 많이 보유하고 있는 이유는 바로 이 의결권을 확보하기 위해서입니다.

보통주는 이러한 의결권과 배당을 받을 권리를 가지고 있으나, 우선주는 배당을 먼저 받을 권리를 제시하는 대신 의결권을 없앤 주식입니다. 즉 배당은 줄 테니 회사 운영에는 관여하지 말라고 만든 주식입니다.

만약 회사의 총수가 배당금을 많이 받고 싶다면 우선주를 가진

리해야 합니다. 그들이 돈을 버는 법은 주식투자가 아니라 당신의 지갑을 터는 것입니다. 설사 그런 방법이 있다고 하더라도 뭐하러 그 방법을 당신에게 알려 주겠습니까? 만약 저라면 아무에게도 입도 뻥긋하지 않고 저 혼자 돈을 벌 것입니다. 누군가 당신에게 100% 돈 버는 법을 돈 받고 알려 준다고 한다면 그것은 100% 거짓입니다. 그러니 그런 거짓에 혹하지 말고, 기초를 튼튼히 공부한 뒤 회사의 진짜 가치를 평가하는 법을 스스로 익혀 나가길 바랍니다. 그래야 주식시장에서 살아남을 수 있습니다.

아무리 새로운 지표가 혁신적인 것처럼 보여도, 모든 지표는 과거의 투영일 뿐입니다. 회사의 가치가 과거의 판매실적으로만 결정될 수는 없기 때문에 과거의 지표는 참고하는 자료로만 사용해야 합니다.

보통주와 우선주 비교		
항목	보통주	우선주
시가총액, 주식 수, 거래량	많음	적음
주가	높음	낮음
의결권	있음	없음
배당금 금액	361원	362원(최근에는 361원으로 감소)
배당수익률	1.92%	2.41%

주주들에게 '먼저' 배당금을 지급하고, 남은 자원으로 보통주 주주에게 배당을 실시해야 합니다. 회사가 벌어들인 돈을 주주들에게 나누기 위해서는 우선주를 보유한 주주들에게 먼저 나누어 주고 그다음에 보통주 주주들에게 나누어 주어야 합니다. 참고로, 보통주에만 배당하고, 우선주에만 배당을 안 할 수는 없습니다.

삼성전자 이재용 회장은 삼성전자 주식을 1.63%밖에 보유하고 있지 않습니다. 최대주주는 삼성생명보험으로 8.51%를 보유하고 있습니다. 그럼에도 이재용 회장이 삼성전자를 좌지우지할 수 있는 이유는 삼성생명의 지분을 10.44%를 보유하고 있기 때문입니다. 여기에 삼성전자의 지분 5.01%를 보유하고, 삼성생명의 지분을 19.34%를 보유하고 있는 삼성물산의 지분을 이재용 회장이 18.13% 보유하고 있기 때문에 가능한 일입니다(2022년 11월 25일 기준).

투자자 입장에서의 우선주

우선주는 의결권이 없는 대신 배당금을 상대적으로 많이 지급합니다. 통상 보통주의 주가가 우선주의 그것보다 높습니다. 따라서 우선주의 배당수익률은 보통주보다 높습니다(무조건은 아님. 그렇지 않은 주식도 있음).

투자자의 입장에서는 별로 쓸 데도 없는 의결권을 포기하고, 더 낮은 가격에 주식을 매수해 더 많은 배당을 받을 수 있는 장점이 있습니다. 어차피 권리를 행사해 봐야 자신의 의견이 먹힐 리도 없는 소액주주의 경우 차리리 배당이나 많이 받자는 작전이 더 유용하다는 의미입니다.

회사의 입장에서도 우선주는 좋은 점이 있습니다. 보통주를 많이 보유한 주주는 경영권을 위협하는 요소가 될 수 있기 때문에, 배당금을 조금 더 많이 주더라도 일반 주주들이 우선주를 매수하면 좋습니다. 투자금은 쉽게 확보할 수 있고 경영권 위협으로부터는 안전하다고 할 수 있습니다.

개인 소액 투자자의 경우는 당연히 우선주를 먼저 매수하는 게 좋습니다. 의결권을 행사할 가치가 거의 없기 때문에 가격이 저렴하고 배당을 많이 받는 게 유리합니다.

2024년 5월 10일 기준			
종목	보통주	우선주	차이
삼성전자	61,000	55,600	5,400
삼성물산	119,500	108,000	11,500
현대차	166,000	79,300	86,700

우선주의 단점

주식 수가 적기 때문에 세력에 의해 주가가 크게 움직일 수 있다는 점이 가장 큰 단점으로 꼽힙니다. 2021년 4월경 한화투자증권 우선주의 주가 변동을 살펴보겠습니다. 원래 한화투자증권 우선주의 경우 3,510원대에서 거래되었으나, 7연속 상한가를 기록하면서 4만 2,850원까지 상승하는 모습을 보였습니다. 상장주식 수가 480만 주로 굉장히 적었고, 게다가 시장에서 거래될 수 있는 주식의 수가 적었기에 이런 식의 주가 상승이 가능했습니다(삼성전자 우선주의 경우 8억 2,000만 주의 우선주가 존재함).

지금은 상장폐지된 삼성중공업 우선주의 경우도 비슷합니다. 삼성중공업우는 2020년 6월 1일 5만 4,500원에서 출발해 10거래일

한화투자증권 우선주 주가 변동 그래프

출처: 네이버페이 증권

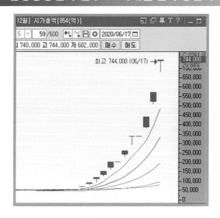

삼성중공업 우선주 10거래일 연속 상한가

출처: 키움증권 HTS

동안 계속해서 상승해 74만 4,000원까지 오른 적이 있었습니다.

　한국거래소는 삼성중공업 우선주를 투자 경고 종목 및 투자 위험 종목으로 지정하고 세 차례 매매거래를 정지했으나 투자 광풍은 식지 않았습니다. 삼성중공업 보통주가 29.9% 오르는 동안 우선주는 1265.7배 올랐습니다. 당시 보통주 대비 주가 괴리율은 1만 1,399%에 달했고 2023년 7월 2만 5,800원 상태로 상장폐지를 당하고 말았습니다.

　이런 식의 급등은 기존 투자자들에게는 수익을 가져다줄 수 있지만, 급등하는 주가를 쫓아 추격매수에 나선 투자자들에게는 악몽이 될 수 있습니다. 이처럼 적은 발행주식 수로 인한 주가 조작의 위험성 측면에서의 우선주의 단점을 유의해야 합니다.

대표적인 배당주는
무엇이 있을까?

삼성전자(보통주, 우선주)

삼성전자는 보통주와 우선주 2개 종류의 주식을 발행했습니다. 2023년 기준, 두 주식 종류에 대해서 지급하는 배당금은 341원으로 동일하며, 주가의 차이가 있기 때문에 배당률 부문에서만 차이가 있습니다.

• 보통주: 주가 78,300원, 배당수익률 1.84%

• 우선주: 주가 64,500원, 배당수익률 2.23%

투자자 입장에서는 어떤 주식을 매수하는 것이 좋을까요? 우선주는 보통주에 비해 배당을 먼저 받을 권리를 가진 반면, 기업의 의사결정에 참여할 수 있는 권리가 없는 주식입니다. 내가 삼성전자의 보통주 주식을 가지고 있다면 주주로서 주주총회에 참여해 회사의 각종 안건의 의사결정에 참여할 수 있게 됩니다. 내가 가진 주식 1주는 이재용 회장이 가진 주식 1주와 동일한 권리를 가지기 때문입니다. 하지만 현실적으로 주식 1주를 가져서는 삼성전자라는 회사의

운영에 관여할 수는 없습니다. 100주, 1,000주 정도로도 어림없습니다.

따라서 기업 운영에 대한 의사결정 참여권리를 포기하고 차라리 배당수익률이 높은 주식을 선택하는 것이 더 현명합니다.

현대자동차(보통주, 우선주)

현대자동차는 보통주 1개와 3개의 우선주가 상장되어 있습니다. 각 우선주가 발행된 시기와 이유에 따라 이름이 다릅니다. 왜 이렇게 많은 종류가 있는 것일까요?

시기에 따른 분류를 해 보자면, 현대차우 종목이 가장 먼저 발행된 종목이며, 2우B 종목이 2번째, 3우B가 세번째 발행되었습니다. 숫자가 클수록 나중에 발행된 것입니다. 그렇다면 B라는 표시는 왜 붙은 것일까요? 이는 1996년 이후 바뀐 법률에 의해 발행된 신형 우선주라는 표시입니다. 즉 2우B는 1996년 이후 현대차에서 발행한 2번째의 우선주 종류가 됩니다.

현대자동차 보통주와 우선주 종류			
현대차 코스피	246,500	▲ 1,500	+0.61%
현대차우 코스피	154,200	▲ 1,600	+1.05%
현대차2우B 코스피	155,100	▲ 1,100	+0.71%
현대차3우B 코스피	151,500	▲ 1,100	+0.73%

출처: 네이버페이 증권

이들 우선주들 사이에는 어떤 차이가 있을까요? 우선주는 누적적과 참가적이라는 특징을 가집니다. 누적적은 사업이 어려워서 배당을 지급하지 못하는 경우 다음 해에 올해의 배당까지 '누적'해서 지급하는 특징입니다. 참가적 특징은 모든 배당 지급이 끝난 이후 회사에 남은 이익잉여금이 있다면 이에 대해 추가로 배당을 받을 수 있는 권리를 말합니다.

현대차 우선주들의 경우 모든 종목이 비누적적 특징을 가집니다. 즉 올해 배당을 못 받았어도 다음 해에 누적해서 지급하지 않는다는 것입니다. 반면 현대차우 종목을 제외한 2우B, 3우B 같은 신형 우선주의 경우는 참가적 특징을 가집니다.

그러나 일반 투자자에게 사실 이런 특징들은 큰 의미가 없습니다. 알면 도움이 되지만, 누적적인지 참가적인지를 보고 투자할 필요가 없다는 뜻입니다. 얼마나 많은 배당금을 주는지, 돈을 잘 버는 회사인지, 앞으로도 잘 벌 것인지를 확인하는 것이 가장 중요합니다.

현대자동차 보통주와 우선주 비교

	보통주	현대차우	현대차2우B	현대차3우B
배당금		액면가 기준의 1% 추가 배당 (50원)	액면가 기준의 2% 추가배당 (100원)	액면가 기준 1% 추가배당 (50원)
시가배당률	4.68%	6.92%	6.89%	7.08%
2024년 8월 12일 기준 종가	243,500원	165,500원	167,000원	161,800원
특징		1996년 이전 발행	1996년 이후 발행	1996년 이후 발행

이런 내용을 알기 위해서는 최소한 그 회사가 어떤 사업을 하는지, 그 사업군의 현재 시장 상태가 어떤지, 이 회사가 사업군 안에서 어떤 위치를 차지하고 있는지, 어떤 기술력을 보유하고 있는지, 회사의 대표는 어떤 마인드로 운영하고 있는지를 알아볼 필요가 있습니다. 결국 회사에 투자할지 말지는 투자자 본인의 판단이 가장 중요하다는 것입니다.

배당금은
어떻게 확인할까?

통상 배당은 1년에 한 번씩 그 해 벌어들인 이익을 결산해 주주들에게 지급합니다. 이를 결산배당이라고 하며 우리나라 대부분의 기업들이 결산배당을 채택하고 있습니다.

이외에도 한 달에 한 번 배당하는 월배당, 분기마다(1년에 네 번) 배당하는 분기배당, 반기(상반기, 하반기 두 번)마다 배당하는 반기배당이 있습니다.

최근에는 분기마다 배당금을 지급하는 회사들이 증가하고 있습니다. 주주환원정책 차원에서 더 자주 배당금을 지급하는 것입니다. 1년에 한 번 받을 배당금을 4번으로 나누어 받게 되면, 기분상으로도 좋을뿐더러, 실제 배당금을 이용해 별도의 투자를 진행할 수 있기 때문에 투자자 입장에서도 좋습니다.

대표적인 분기배당 종목은 삼성전자, SK하이닉스, 현대자동차, SK텔레콤, POSCO홀딩스, KB금융, KT&G 등으로 대기업들이 다수 포함되어 있습니다.

미국의 경우 우리나라보다 주주환원 문화가 더 발달되어 있어 월배당 기업들이 상당히 많은 편입니다. 대표적인 미국의 월배당 기업은 리얼티인컴, STAG, EPR Properties, MAIN Street Capital 등이 있습니다.

배당금 지급 확인하기

증권사에서 배당을 준다고는 하는데, 언제 어떻게 들어오는지, 진짜로 들어왔는지를 확인하는 방법을 알아보겠습니다. 통상 나에게 배당금이 지급되었는지에 대한 정보는 다음의 3가지 방법을 통해 확인할 수 있습니다.

· 예탁결제원에서 보내는 배당통지서 우편 확인

· 기업에서 공시하는 현금 · 현물 배당 공시 확인

· 증권사의 계좌로 입금되는 배당금 확인

이 중 가장 편리한 확인 방법은 2번 공시를 확인하는 것이지만, 실제 내 계좌로 입금되었는지 알려면 3번 방법을 알아 놓는 것이 좋습니다. 주식 초보자들의 가장 큰 착각이 주식계좌에는 주식만 가지고 있고, 배당금은 별도의 계좌로 들어올 거라는 생각입니다. 그러나 주식계좌는 주식과 현금을 모두 가지고 있을 수 있다는 특징이 있기 때문에 증권사에서 주는 배당금 역시 주식을 거래하는 바로 그 계좌로 입금됩니다.

배당통지서 우편 확인

투자자가 주식을 매수하려면 반드시 증권사를 통해야 합니다. 증권사는 투자자에게 매수·매도 의뢰를 받아 예탁결제원을 통해 실제 주식을 거래합니다. 기업은 배당을 하기 전에 자신들의 주식을 보유한 명단(주주명부)을 확정하고, 주주들에게 배당을 지급하겠다는 우편을 보내게 됩니다. 이는 증권사를 통해 이루어지며 배당 시즌이 되면 주식을 많이 보유한 사람의 경우 수십 통의 배당 우편물을 받아 보기도 합니다.

그러나 주주가 무척 많은 삼성전자의 경우 매분기마다 엄청난 양의 우편을 발송해야 하는 불합리함을 버리고자, 2022년부터 우편 대신 온라인 웹서비스를 개발해 제공하고 있습니다. 주식을 어느 증권사에 보유하고 있는지와 주소, 이름 등의 개인정보를 입력하면 내가 언제 배당을 얼마나 받을 수 있는지를 온라인으로 확인할 수 있습니다.

출처: 삼성전자 배당금 조회 서비스 웹페이지

현금·현물 배당 공시 확인

기업은 배당 준비와 배당금 지급에 대한 내용을 담아 주주들에게 알리기 위해 공시를 합니다. 여기서 공시란, 투자자의 의사결정에 영향을 줄 수 있는 기업의 경영활동에 대해서 공평하게 보이는 것을 말합니다. 누구나 볼 수 있게 일정한 양식에 맞추어 내용을 공개하면 투자자들은 이를 보고 의사결정을 하게 됩니다.

일반적으로 공시는 DART를 통해서 확인할 수 있습니다. 네이버페이 증권 종목창에서도 동일한 내용을 확인할 수 있습니다. 삼성전자의 2022년 4분기 배당금 공시를 살펴보도록 하겠습니다.

삼성전자 현금 / 현물 배당공시

번호	공시대상회사	보고서명	제출인	접수일자	비고
16	유 삼성전자	최대주주등소유주식변동신고서	삼성전자	2022.11.07	유
17	유 삼성전자	사외이사의선임·해임또는중도퇴임에관한신고	삼성전자	2022.11.03	
18	유 삼성전자	임시주주총회결과	삼성전자	2022.11.03	유
19	유 삼성전자	기타경영사항(자율공시)	삼성전자	2022.11.03	유
20	유 삼성전자	기타경영사항(자율공시)	삼성전자	2022.10.27	유
21	유 삼성전자	현금·현물배당결정	삼성전자	2022.10.27	유
22	유 삼성전자	[기재정정]연결재무제표기준영업(잠정)실적(공정공시)	삼성전자	2022.10.27	유
23	유 삼성전자	연결재무제표기준영업(잠정)실적(공정공시)	삼성전자	2022.10.27	유
24	유 삼성전자	[기재정정]임원·주요주주특정증권등소유상황보고서	김윤수	2022.10.24	
25	유 삼성전자	[기재정정]임원·주요주주특정증권등소유상황보고서	김윤수	2022.10.24	
26	유 삼성전자	주식등의대량보유상황보고서(일반)	삼성물산	2022.10.21	
27	유 삼성전자	임원·주요주주특정증권등소유상황보고서	이동하	2022.10.18	
28	유 삼성전자	임원·주요주주특정증권등소유상황보고서	박훈철	2022.10.18	
29	유 삼성전자	임원·주요주주특정증권등소유상황보고서	박태훈	2022.10.17	
30	유 삼성전자	최대주주등소유주식변동신고서	삼성전자	2022.10.11	유

출처: 네이버페이 증권

현금·현물배당 결정

1. 배당구분		분기배당
2. 배당종류		현금배당
- 현물자산의 상세내역		-
3. 1주당 배당금(원)	보통주식	361
	종류주식	361
- 차등배당 여부		미해당
4. 시가배당률(%)	보통주식	0.7
	종류주식	0.7
5. 배당금총액(원)		2,452,153,599,250
6. 배당기준일		2022-09-30
7. 배당금지급 예정일자		2022-11-15
8. 주주총회 개최여부		미개최
9. 주주총회 예정일자		-
10. 이사회결의일(결정일)		2022-10-27
- 사외이사 참석여부	참석(명)	4
	불참(명)	0
- 감사(사외이사가 아닌 감사위원) 참석여부		참석
11. 기타 투자판단과 관련한 중요사항		
- 상기 3, 4항의 종류주식은 우선주를 의미함.		
- 상기 4항의 시가배당률은 배당기준일 전전거래일(배당부 종가일)부터 과거 1주일간의 거래소시장에서 형성된 최종가격의 산술평균가격에 대한 1주당 배당금의 비율임.		
- 상기 7항의 배당금지급 예정일자 관련, 자본시장과 금융투자업에 관한 법률 제165조의12의 규정에 의거 이사회 결의일로부터 20일 이내에 지급 예정임.		
- 상기 10항의 감사는 감사위원회 위원을 의미함.		
※ 관련공시		-

【종류주식에 대한 배당 관련 사항】

종류주식명	종류주식구분	1주당 배당금(원)	시가배당률(%)	배당금총액(원)
삼성전자우	우선주	361	0.7	297,062,098,700

출처: 네이버페이 증권

삼성전자의 2022년 4분기 배당 공시는 '현금·현물 배당 결정'이라는 보고서로 2022년 10월 27일에 올라왔습니다. 공시는 총 11개 항목으로 이루어져 있습니다. 여기서 중요하게 볼 부분은 배당 구분과 배당 종류, 1주당 배당금, 시가배당률입니다.

배당 구분에서는 이 배당이 분기배당인지 반기배당인지 확인할 수 있습니다. 배당 종류에서는 이 배당이 현금을 주는 배당인지, 주식을 주는 배당인지 확인할 수 있습니다.

1주당 배당금은, 보통주 1주를 가지고 있을 때 받게 되는 금액으로, 보통주와 종류주식(우선주)로 나뉩니다.

시가배당률은 현재의 주가를 배당금으로 나눈 값입니다. 지금 이 주식을 샀을 때 배당금이 얼마의 수익률을 보이는지를 확인할 수 있습니다.

삼성전자는 분기배당, 현금배당이며, 보통주와 우선주 모두 1주당 361원의 배당금을 지급함을 알 수 있습니다. 시가배당률은 0.7%로, 분기별 배당이니 0.7의 4배를 곱한 2.8%의 연간배당수익률을 기대할 수 있겠습니다.

이외에도 배당기준일과 지급 예정일자를 알아 두면 좋습니다. 배당기준일이란 배당금을 지급하기 위해 주주명부를 확정하는 날짜입니다. 이 날짜에 주식을 보유하고 있어야만 주주로 인정되며, 배당금을 받을 수 있게 됩니다. 이는 배당락과 깊게 연관된 개념으로 주식을 실제 언제 매수해야 배당금을 받을 수 있는지 알게 합니다. 간단하게 말하자면 배당기준일의 3영업일 이전에는 주식을 '매수'해야 합니다. 우리나라 주식 결제대금 시스템은 D+3영업일에 결제대금 지급이 완료되고, 그때서야 주주명부에 이름이 올라가기 때문에 이런 복잡함이 생깁니다. 이는 뒤쪽에서 다시 한번 자세히 설명하겠습니다.

지급 예정일자는 말 그대로 이 배당금이 실제 자신의 주식계좌로 언제 입금될 것인지를 명시하고 있습니다. 다만 실전에서는 정확히 이 날짜에 들어오는 경우는 별로 없고, 증권사에서 처리하는 시간 때문에 하루 정도 이후에 들어오기도 합니다. 배당금이 제 날짜에 들어오지 않는다고 해도 걱정할 필요가 없습니다. 시간이 조금 더 걸리는 것일 뿐 배당금이 안 들어온 적은 없습니다.

이처럼 기업의 배당공시를 통해 내가 언제 얼마의 배당금을 받게 될지를 알아볼 수 있습니다. DART는 이러한 배당공시뿐 아니라 기업의 실적공시, 계약공시 등등이 올라오는 장소이니 꾸준히 살펴봐야 합니다.

입금되는 배당금 확인

증권사는 기업으로부터 지급되는 배당금을 고객들의 증권계좌로 배당소득세를 공제한 후에 입금하게 됩니다. 배당소득세는 전체 배당금의 15.4%이며, 이는 증권사에서 미리 떼고 지급하기 때문에 투자자는 크게 고민할 필요가 없습니다.

증권사는 배당금을 입금하면서 고객에게 카카오톡이나 문자 메시지로 배당금 입금 현황을 알려 줍니다. 또한 계좌에 배당금 입금 내역을 별도로 표시해 주기도 합니다.

저는 키움증권을 이용해 삼성전자 우선주 주식을 348주를 보유하고 있습니다. 11월 15일에는 키움증권에서 카카오톡 알림과 함께

삼성전자 배당금 입금 내역

| ****-**89 [위탁종합] | | | ●●●● | 조회 |

| 구분 | 일반주식 ▾ | 🗓 2023.10.01 ~ 2023.11.30 |

전체 ▾

| 배당금 입금 합계 | 세전 | 239,728 |
| | 세후 | 220,398 |

입금일	종목명	배당금(세전)	배당금(세후)▶
2023/10/27	쌍용C&E보통주	114,100	114,100
2023/11/20	삼성전자1우선주	125,628	106,298

출처: 키움증권 MTS

세전 12만 5,628원(세후 10만 6,298원)의 배당금을 지급한다고 알려왔습니다. 주당 12만 5,628원(361원×348주)이 정확히 계산되며 여기서 배당소득세 15.4%를 제외한 10만 6,298원이 지급되었음을 알 수 있습니다.

또한 키움증권의 영웅문 앱을 통해 배당입금 내역 메뉴를 확인하면 정해진 기간 내에 어떤 종목으로부터 얼마의 배당금이 입금되었는지를 쉽게 확인할 수 있습니다.

배당소득세

주주로서 회사가 지급하는 배당금을 받게 되면, 전체 금액에서 배당소득세 14%와 지방소득세 1.4%를 더해 총 15.4%를 세금으로 내게 됩니다. 100만 원을 배당으로 받았다면 15만 4,000원을 배당소득세로 내는 것입니다.

• 배당소득세 14% + 지방소득세 1.4% = 총합 15.4%

만약 삼성전자 주식을 120주 가지고 있었다면 3분기 배당금은 4만 3,320원(120주×361원) 지급됩니다. 여기에서 15.4%인 6,671원을 제외한 3만 6,649원이 실제 배당금으로 통장에 입금됩니다.

회사가 주주의 주식계좌로 배당금을 입금할 때 아예 배당소득세를 떼고 지급합니다. 이를 원천징수한다고 합니다. 증권사는 고객이 내야 하는 배당소득세를 대신해서 나라에 내야 하는 의무를 가지고 있습니다. 증권사는 고객의 세금납부를 대신하는 원천징수의무자입니다. 증권사가 알아서 세금을 배당금에서 떼어 납부하므로 별도로 신고하거나 납부할 필요가 없습니다.

그러나 배당금을 2,000만 원 이상 받게 될 경우에는 금융소득종합과세 대상자가 됩니다. 이자소득과 배당소득을 합산해 2,000만 원까지는 원천징수 세율인 14%가 과세되고, 초과분에 대해서는 다른 소득과 합해 종합소득세율인 6~45% 세율로 과세됩니다. 이때

2024년 귀속 종합소득세율		
과세표준	세율	누진공제액
1,400만 원 이하	6%	-
1,400만~5,000만 원 이하	15%	126만 원
5,000만~8,800만 원 이하	24%	576만 원
8,800만~1억 5,000만 원 이하	35%	1,544만 원
1억 5,000만~3억 원	38%	1,994만 원
3억~5억 원 이하	40%	2,594만 원
5억~10억 원 이하	42%	3,594만 원
10억 원 초과	45%	6,594만 원

다른 소득이라 함은 근로소득, 사업소득, 연금소득, 기타소득을 합한 것입니다. 만약 종합소득세를 내야 하는 구간에 다다르면 배당으로 받은 금액과 다른 소득 금액을 합산해 그에 맞는 누진세를 적용받게 됩니다. 이 작업이 5월달에 하는 '종합소득세 신고'이며 이때는 자신의 종합소득에 맞는 세금을 직접 산출해 납부해야 다른 불이익을 당하지 않습니다.

그렇다면 모든 배당금이 배당소득세를 내야 할까요? 그렇지 않습니다. 이는 배당의 재원이 어떤 것이냐에 따라 다릅니다. 어떤 기업은 배당금을 주지만 비과세로 주는 경우도 있습니다. 가장 대표적인 기업이 쌍용C&E입니다(현재는 상장폐지되어 거래되지 않는 종목임).

쌍용C&E는 쌍용양회에서 이름을 변경한 시멘트&친환경 기업이며 7년 연속 분기별 현금배당을 실시하고 있는 기업이기도 합니

쌍용C&E의 비과세 배당금 지급 공시

1. 배당구분		결산배당
2. 배당종류		현금배당
- 현물자산의 상세내역		-
3. 1주당 배당금(원)	보통주식	70
	종류주식	-
- 차등배당 여부		미해당
4. 시가배당률(%)	보통주식	1.2
	종류주식	-
5. 배당금총액(원)		34,451,747,540
6. 배당기준일		2023-12-31
7. 배당금지급 예정일자		2024-04-26
8. 주주총회 개최여부		개최
9. 주주총회 예정일자		2024-03-28
10. 이사회결의일(결정일)		2024-02-07
- 사외이사 참석여부	참석(명)	4
	불참(명)	0
- 감사(사외이사가 아닌 감사위원) 참석여부		-
11. 기타 투자판단과 관련한 중요사항		
- 상기4항의 시가배당률은 배당기준일 전전거래일(배당부 종가일)부터 과거 1주일간의 거래소 시장에서 형성된 최종가격의 산술평균가격(보통주 5,730원/주)에 대한 1주당 배당금의 비율입니다.		
- 상기 7항의 배당금지급 예정일자 관련하여 상법 제464조의2 제1항 규정에 의거, 주주총회 결의일로부터 1개월 이내에 지급 예정이며, 최종 지급일자는 변동될 수 있습니다.		
- 회사는 지난 2020사업년도 결산배당부터 자본준비금을 감액한 금액을 재원(자기주식처분이익 등 배당소득에 포함되는 준비금 제외)으로 하여 배당하고 있으며, 이와 같은 배당은 과세대상 소득이 아닙니다.		
- 회사는 금번 배당 및 이후 실시 예정인 현금배당에 대해서도 우선적으로 위 금액을 재원으로 하여 배당할 예정입니다.		
- 당사의 감사위원은 모두 사외이사로 구성되어 있습니다.		
※ 관련공시		-

출처: Kind

다(2023년 4분기 기준). 이 기업의 배당공시를 살펴봅시다. 1주당 배당금은 70원이며, 시가배당률은 1.2%입니다. 이를 연간으로 계산하면 4.8%에 이르는 높은 배당률입니다. 배당기준일은 12월 31일이며, 배당금은 2024년 4월 26일에 지급됩니다.

특이한 점은 '11. 기타 투자판단과 관련된 중요사항'입니다. 이 부분에는 "이 회사는 2020년 사업연도 결산배당부터 자본준비금을 감액한 금액을 재원(자기주식처분 이익 등 배당소득에 포함되는 준비금 제외)으로 배당하고 있으며, 이와 같은 배당은 과세소득대상이 아닙니다."라는 문장이 기재되어 있습니다.

언뜻 들어도 이해가 잘 안되는 문장입니다. 쉽게 말해 회사의 이익과는 별개로 회사의 자본준비금과 이익준비금이 자본금보다 많을 때 이를 줄여 주주에게 배당하는 것을 말합니다. 이러한 배당의 경우 주주의 이익실현이 아니라 주주가 납입한 자본을 반환 받는 것이라 보기 때문에 이에 대한 배당소득세가 과세되지 않는 것입니다.

실제 쌍용C&E가 11월 25일 저에게 지급한 배당금의 내역을 살펴보면 세전금액과 세후금액이 동일함을 알 수 있습니다. 이처럼 배당소득세를 과세하지 않는 경우는 수익률이 예상보다 더 커질 수 있으니 주의 깊게 살펴보는 것이 좋습니다.

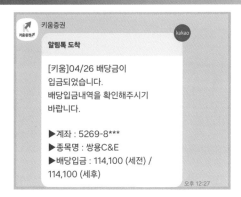

쌍용C&E 배당금 입금 내역

192

ISA계좌를 활용한
배당주 투자 방법

ISA를 이용해 투자하면 배당소득세를 내지 않거나 적게 낼 수 있습니다. 배당소득세를 내지 않음으로써 투자 수익률을 더 높일 수 있습니다. ISA계좌의 비과세 한도는 연 200만 원이기 때문에 이를 잘 이용하면 좋습니다.

ISA란 하나의 계좌에서 다양한 금융상품을 투자할 수 있도록 만든 일종의 만능 계좌입니다. 대부분의 금융상품과 특히 국내 주식까지 매매할 수 있고, 여기에 더해 세금 혜택까지 있어서 비과세 만능 통장이라고 불리기도 합니다. 2016년에 도입되어 벌써 8년째 운영 중인 제도이며, 많은 투자자들이 이용하고 있는 절세 방식입니다. 일임형, 신탁형, 중개형 등으로 나뉘며 일임형과 신탁형은 금융기관에서 알아서 포트폴리오를 짜고 운영해 주는 반면, 중개형의 경우 고객이 직접 원하는 상품을 선택하고 투자할 수 있도록 만든 상품입니다.

중개형 ISA는 국내 주식과, 펀드, ETF, 파생결합증권, RP(환매조건부 채권), 리츠 등 정말 다양한 상품에 투자할 수 있습니다. 계좌에 현금을 입금하고, 그 계좌에서 다양한 상품에 투자할 수 있도록 만든 상품이죠. 일임형이나 신탁형에 비해 수수료도 저렴하기 때문에 대부분 ISA 투자를 이야기할 때는 중개형 ISA를 이야기하는 편입니다.

이 제도의 가장 큰 장점은 계좌를 운용하면서 발생한 수익금의 일정 부분까지는 세금을 매기지 않는다는 것입니다. ISA는 크게 일반형과 서민형으로 나뉘는데, 일반형의 경우 계좌당 200만 원까지의 수익금에 대해서는 15.4%의 소득세를 내지 않습니다(서민형의 경우 400만 원 수익까지 비과세).

서민형의 경우 금융기관에 서류도 보내야 하고, 가입 조건이 조금 까다롭습니다. 그러나 최대 400만 원까지 세금을 한 푼도 내지 않는다는 사실은 정말 큰 혜택입니다. 특히 배당금의 경우 예외 없이 15.4%의 세금을 내야 하는데, ISA계좌에서 받은 배당금은 세금을 내지 않으니 복리투자의 효과를 볼 수 있다는 장점도 있습니다.

이 계좌는 모든 금융기관 통틀어 1인 1계좌만 개설 가능합니다. 금융기관별로 혜택이 조금씩 다르기 때문에 잘 살펴보고 개설하는 것을 추천드립니다. 조건에 맞다면 서민형으로 가입해 최대 400만 원에 대한 비과세 효과도 얻기 바랍니다.

ISA 일반형과 서민형 비교		
	일반형	서민형
비과세 한도	200만 원	400만 원
가입요건	3년	3년
납입한도	연간 2,000만 원	연간 2,000만 원
조건	만 19세, 근로소득 있는 15세	직전년도 총급여액 5,000만 원 이하, 종합소득 3,500만 원 이하

ISA계좌의 장점

ISA계좌에서는 예금이나 적금부터 시작해, 펀드, ETF, 국내 주식, ELS 등 정말 다양한 금융상품에 투자할 수 있습니다. 여러 개의 계좌를 운영하면서 여기는 예금, 저기는 적금, 또 여기는 주식과 펀드, 저기는 ETF 이렇게 운영하지 않고 하나의 계좌로 통합해 관리할 수 있다는 장점이 있죠.

또한 하나의 계좌에서 발생한 손실과 이익을 통산해 최종 수익에 대해서만 세금을 납부하는 손익 통산이 가능해 손실이 발생한 것을 어느 정도 만회할 수 있는 효과도 얻을 수 있습니다.

200만 원 수익금까지는 비과세가 적용되기 때문에 일반적으로 15.4%가 원천징수되는 것을 절세할 수 있습니다. 다만, 이 비과세 한도는 3년간 200만 원까지만 적용되며, 이를 넘어간 수익금에 대해서는 9.9% 분리과세가 적용되어 절세 혜택을 볼 수 있습니다.

분리과세가 적용되기 때문에 금융소득이 2,000만 원이 넘으면 적용되는 금융종합소득과세 대상자가 되지 않습니다. 예를 들어 ISA 계좌에서 1,000만 원의 수익을 올렸다고 하더라도, 200만 원을 제외한 800만 원은 9.9%가 적용되면서 분리과세 됩니다. 종합과세 대상자가 되지 않는 것입니다. 다른 소득이 많은 투자자들은 유리한 혜택이라고 할 수 있습니다.

ISA계좌의 단점

ISA계좌가 많은 장점을 가지고 있지만 그에 따른 단점도 있습니다. 가장 큰 단점은 3년간 계좌를 해지하지 않고 유지해야 한다는 것입니다. ISA계좌는 입금된 원금에 대해서는 원할 때 불이익 없이 출금이 가능하지만, ISA계좌 내에서 발생한 수익금에 대해서는 출금 시 불이익이 발생합니다. 만약 수익금을 출금하면 계좌가 해지되고 15.4%의 세금을 납부해야 합니다(비과세 혜택이 사라짐).

두 번째 큰 단점은 해외 주식에 직접 투자할 수 없다는 것입니다. ISA계좌는 국내 주식시장에 한정해 투자할 수 있으며 해외 주식이나 ETF 등 금융상품에는 투자가 불가능합니다. 물론 국내에 상장된 해외 주식을 담은 ETF나 ETN 등을 매수할 수는 있지만, 직접적인 해외 투자가 불가능하다는 점은 최근 늘어난 서학개미들에게는 큰 단점으로 느낄 만한 부분입니다.

ISA계좌를 운용하면서 발생한 수익금에 대해서는 과세이연되기 때문에 건강보험료를 부과하지 않습니다. 그러나 만기가 되어 계좌를 해지하고 수익금을 수령하는 순간에는 소득이 발생하여 건강보험료가 부과될 것으로 우려하는 분들이 많습니다. 하지만 2024년 10월 현재까지 ISA계좌를 해지하여 발생한 비과세 수익금(200만원 혹은 400만원)과 9.9% 분리과세된 수익금에 대해서는 건강보험료가 부과된 이력이 없습니다. 이런 분리과세를 무조건 분리과세라고 하며, 현재까지는 ISA 수익금으로 인해 건강보험료가 올라가는 것을 걱정할 필요는 없습니다.

IRP와 ISA의 차이점

재테크에 관심이 있다면 "절세 위해 IRP, ISA계좌 활용하세요!"라는 말을 많이 들어 봤을 것입니다. 두 금융 상품은 일단 이름에서부터 어렵다는 공통점을 가집니다. 모두 서민들의 자산 증식을 위해서 사용된다는 공통점도 가지고 있죠. 이름이 비슷하긴 하지만, 운용 방식에서는 큰 차이가 납니다. 이름이 비슷한 아예 다른 상품이라고 보면 됩니다.

IRP는 개인의 은퇴를 대비해서 자산을 축적하고 관리할 수 있는 제도입니다. 연간 1,800만 원까지 납입이 가능하며, 납입한 금액에 대해 일정 비율로 세액공제를 받아 절세 효과를 누릴 수 있습니다. 주식에 직접 투자는 불가능하고 ETF 등 간접상품에 투자할 수 있습니다. 여기서 발생하는 운용수익과 납입원금은 55세 이후 연금으로 수령이 가능합니다(IRP에 대해서는 5부에서 좀 더 자세히 다룰 예정임). 반면 ISA는 개인 자산의 증식 용도로 만들어진 종합계좌입니다. 연간 2,000만 원까지 납입한도가 정해져 있고, 총 한도는 1억 원입니다. 하나의 계좌에서 여러 개의 상품을 담고, 이 상품들을 운용하면서 발생한 수익금에 대해서 비과세되는 상품이죠. IRP는 세액공제를 통한 절세 효과를 가져다준다면, ISA는 수익금에 대해 비과세를 통해 절세 효과를 가져다줍니다. 또한 비과세 한도인 200만 원을 초과하는 금액에 대해서는 9.9%의 낮은 세율이 적용되고, 발생 시점 이후 최대 3년까지 과세이연이 되기 때문에 이를 통한 절세 효과도 누릴 수 있습니다.

ISA에 세액공제가 된다는 이야기를 들어 본 분도 있을 겁니다. 그러나 이는 잘못된 정보입니다. IRP에는 납입금액의 일정 비율로 세액공제를 해 주지만, ISA는 납입금액에 대한 세액공제는 없습니다. 다만, 만기된 ISA계좌의 금액을 연금저축펀드 혹은 IRP계좌로 이체하면 정해진 한도 내에서 이체한 금액만큼을 세액공제해 주는 제도가 적용되고 있습니다. 이를 이용하면 ISA에서 200만 원까지 비과세 혜택을 받은 후 만기해제 후 이를 그대로 IRP로 옮겨 세액공제를 받아 또 한 번 절세 효과를 누릴 수 있습니다. 'ISA 비과세 후 IRP 세액공제'를 연속으로 받을 수 있는 것이죠.

따라서 두개의 계좌를 운용한다면 우선 ISA에 가입한도인 연간 2,000만 원까지 납입한 후 국내 주식이나 ETF 등에 투자합니다. 3년 이후 ISA계좌를 만기해지한 다음 이를 IRP로 옮겨서 세액공제 효과를 누리는 것이 가장 현명한 방법이라고 봅니다. 물론 만기해지한 ISA는 곧바로 다시 계좌를 만들 수 있으니 똑같은 방식을 3년마다 반복해 자산 증식에 이용할 수 있습니다.

ISA와 IRP에서 배당주 투자

ISA는 연금상품 중 유일하게 배당 '주식'에 투자할 수 있는 상품입니다. 즉 주식에 직접 투자할 수 있다는 것이죠. 배당주에서 받은 배당금에 대한 세금도 절세할 수 있고, 만기해지 시까지 과세이연 효과를 누리면서 재투자해 복리투자도 가능합니다. 투자자에게 있어 선택의 폭이 넓다는 것은 아주 중요한데 그런 측면에서 ISA는 선택의 유연성이 아주 크다고 할 수 있습니다.

또 다른 연금 상품인 IRP 계좌에서는 직접 주식에 투자하는 것이 불가능하기 때문에 펀드나 ETF 등을 이용할 수밖에 없습니다. 이런 간접투자를 통해 분배금을 받는 방식으로 운용할 수밖에 없는 단점이 존재합니다. 여기서 받은 분배금도 연금개시 전까지 과세이연 효과를 누릴 수 있으며, 15.4%에 달하는 배당소득세를 재투자해 복리 효과를 얻을 수 있습니다.

ISA는 3년이 만기인지라 복리투자 효과가 길지 않지만, IRP는 55세 이후에 연금이 개시되기 때문에 꽤 장기간 복리 효과를 누릴 수 있다는 차이점이 있습니다.

개인적인 의견으로는 일단 ISA 계좌를 개설해 납입한도를 꽉 채워 납입한 뒤 운용하는 방식을 우선적으로 하는 것을 추천합니다. 그런 다음 또 다른 연금 상품인 연금저축펀드에 납입하고, 그다음 상품으로 IRP에 가입해 배당금 혹은 분배금에 대한 절세 효과를 누리고, 노후 대비를 하는 것이 좋다고 봅니다.

배당지표의 확인

지금까지는 배당이라는 것이 무엇인지와 배당을 실제로 어떻게 확인하는지에 대해서 알아보았습니다. 그러나 배당주를 매수하려면 더 다양한 지표를 확인할 수 있어야 합니다. 배당주 투자에서 중요한 지표는 다음과 같습니다.

- 배당수익률: 주식을 보유하면 얻게 되는 수익의 비율
- 연간배당금: 1년간 지급하는 배당금의 총액
- 배당성향: 순이익 대비 지급하는 배당금의 비율
- 배당락일: 배당을 받을 수 있는 마지막 주식 매수일자

│ 배당수익률

배당수익률이란 주식을 현재 가격으로 매수해 보유한다면 얼마의 수익을 얻을 수 있는가를 알려 주는 지표입니다. 가장 많이 보는 지표이기도 하지만, 주식의 가격에 좌지우지되기 때문에 높다고 무조건 좋은 것도 아니며, 낮다고 무조건 나쁜 것이 아님을 알고 있어야 합니다.

1주에 10만 원의 가격을 가지는 주식 A가 있습니다. 결산배당으

로 1년에 1번 배당하는데, 주당 1만 1,000원씩 배당하고 있습니다. 이 회사의 배당률은 11%(11,000원÷100,000원)입니다. 따라서 A주식의 배당수익률은 11%라고 할 수 있습니다. 계산 자체는 무척 쉽지만 약간의 의문이 듭니다.

우선 아직 결산배당금이 정해지지도 않은 상태에서 1만 1,000원이라는 것을 어떻게 알 수 있을까요? 대부분 배당수익률을 계산할 때는 지난번 배당금을 기준으로 계산합니다. 즉 A회사는 1년에 한 번 배당하기 때문에 2022년 11월에 배당수익률을 계산하기 위해서는 2021년에 지급한 배당금과 현재의 주가를 기준으로 계산할 수밖에 없습니다. 작년의 배당금은 고정되어 있고, 현재의 주가는 계속 변하기 때문에 배당수익률은 매일매일 변하게 됩니다.

우리나라 상장기업들의 배당수익률은 어떨까요? 삼성전자의 2023년 12월 기준 배당수익률은 1.84%입니다. 배당금 자체는 1,444원으로 전년도와 동일하지만, 삼성전자의 주가가 높아졌기 때문에 배당률 자체는 낮아진 것입니다(2022년 말 주가 55,300원, 2023년 말 주가 78,500원).

삼성전자 2021~2023년 배당수익률

주당배당금(원)	1,444	1,444	1,444	1,511
시가배당률(%)	1.84	2.61	1.84	
배당성향(%)	25.00	17.92	67.78	

출처: 네이버페이 증권

배당주로 인기를 끌고 있는 현대자동차의 경우는 어떨까요? 현대자동차에서 배당의 핵심이 되는 주식은 여러 개의 우선주 중에서도 우선주2B 종목입니다. 현대차2우B의 배당수익률은 2023년 말 기준 10.07%를 기록했습니다. 삼성전자와는 다르게 2021년의 5,100원, 2022년 7,100원을 거쳐, 2023년 1만 1,500원을 지급했습니다. 이처럼 배당금이 늘어나니, 주가가 증가해도 배당수익률 자체도 올라가게 됩니다. 2024년에는 1만 2,000원가량의 배당금을 지급할 것으로 예상되고 있으므로 10%대의 배당수익률을 유지할 수 있을 것으로 보는 의견이 많다는 점을 참고하면 좋겠습니다.

배당을 주는 기업 중 지주회사들도 많이 있습니다. 지주회사란 사업을 해서 돈을 버는 회사가 아닌 다른 주식회사의 주식을 소유하거나 지배하는 것을 주 사업 목적으로 하는 회사를 말합니다. 가장 대표적인 회사는 LG입니다. LG 전자, LG 화학, LG 유플러스, LG 생활건강 등의 지분을 가지고 있으며, 이들 회사들의 주식에 의한 배당금을 주요 수익원으로 삼고 있습니다. 비슷한 방식으로 LG에서 분사한 정유화학기업인 GS도 있습니다.

현대차2우B 배당수익률 현황

주당배당금(원)	5,100	7,100	11,500	12,684
시가배당률(%)	5.05	9.61	10.07	
배당성향(%)	26.32	24.85	25.07	

출처: 네이버페이 증권

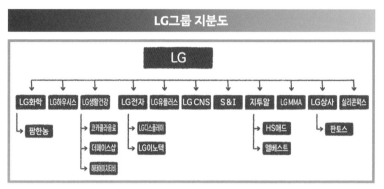

출처: 금융감독원 전자공시시스템, 단위: %

| 연간배당금

연간배당금이란 이 주식을 1년간 보유했을 때 얼마의 배당을 받을 수 있을 것인지 알려 주는 지표입니다. 1년에 한 번 배당하는 결산배당 종목이라면 작년의 배당금을 기준으로 계산할 수 있습니다.

그러나 만약 분기배당을 하는 종목이라면 계산방법이 2가지로 나뉩니다. 첫 번째는 지난달부터 1년전까지의 배당금을 모두 더해 예상배당금을 구하는 방식입니다. 이 방식은 상대적으로 배당금이 적게 계산되는 경우가 있습니다. 대체로 배당금은 상승하는 추세를 보이기 때문입니다.

두 번째는 지난 배당금을 기준으로 4배를 해서 연간배당금을 구하는 방식입니다. 분기배당의 경우 4배를 해서 알아낼 수 있고, 반기배당은 2배, 월간배당은 12배를 하면 알 수 있습니다. 이 방식은 통상 배당금이 더 많이 계산되고, 배당수익률은 적어지는 효과를 가져옵니다.

어떤 방식이든 과거 데이터에 의한 예측된 배당금과 현재의 주식의 가격을 비교한다는 점은 다르지 않습니다. 아직 주식을 사지 않았기 때문에 배당수익률은 계속해서 변동되며, 만약 주식을 매수하는 순간 내 수익률은 고정된다는 사실을 기억하기 바랍니다.

| 배당성향

배당성향이란 회사가 벌어들이는 순이익 중에서 배당금으로 얼마를 사용하는지를 나타냅니다. 이는 회사가 주주환원의 대표적인 방법인 배당에 얼마나 진심인지를 알아볼 수 있는 가장 좋은 지표입니다.

만약 회사가 연간 순이익으로 6,000만 원을 벌었다고 합시다. 주주인 A와 B 그리고 C가 각각 150주, 40주, 10주씩 보유하고 있습니다. 순이익 중 절반은 회사의 이익을 위해 쓰기로 하고 나머지 3,000만 원을 배당하기로 결정했습니다. 전체 이익 중 배당에 사용하는 금액이 50%이므로 이 회사의 배당성향은 50%라고 할 수 있습니다.

현대차의 배당성향을 볼까요? 이 회사는 2023년 기준 25%의 배

현대자동차 2023년 사업보고서 중 주요배당지표

주요배당지표

구 분	주식의 종류	당기 제56기	전기 제55기	전전기 제54기
주당액면가액(원)		5,000	5,000	5,000
(연결)당기순이익(백만원)		11,961,717	7,364,364	4,942,356
(별도)당기순이익(백만원)		7,343,003	3,701,958	645,526
(연결)주당순이익(원)		45,703	28,521	18,979
현금배당금총액(백만원)		2,998,657	1,830,356	1,300,658
주식배당금총액(백만원)		-	-	-
(연결)현금배당성향(%)		25.1	24.9	26.3
현금배당수익률(%)	보통주	4.7	4.5	2.4
	우선주	7.3	8.8	4.9

현대자동차 사업보고서 공시

KB금융 배당금 지급과 배당성향

구 분	주식의 종류	당기 제16기	전기 제15기	전전기 제14기
주당액면가액(원)		5,000	5,000	5,000
(연결)당기순이익(백만원)		4,631,932	4,394,830	4,409,543
(별도)당기순이익(백만원)		2,121,244	1,684,512	1,438,866
(연결)주당순이익(원)		11,580	10,955	11,134
현금배당금총액(백만원)		1,173,937	1,149,421	1,145,525
주식배당금총액(백만원)		-	-	-
(연결)현금배당성향(%)		25.3	26.0	26.0
현금배당수익률(%)	보통주	4.9	5.8	5.2
	-	-	-	-

출처 : KB금융 실적공시

당성향을 보이고 있습니다. 2023년 기준 당기순이익은 1,196만 1,717원이며 배당금 지급 총액은 299만 8,657원이므로 번 돈의 25%를 배당금으로 지급했다는 것을 알 수 있습니다.

금융주의 대표주인 KB금융지주의 배당성향은 어떨까요? 2023년도 사업연도의 당기순이익은 4조 6,319억 원이며 현금배당으로 사용한 금액은 1조 1,739억 원입니다. 약 1/4 정도를 배당금으로 사용했으며 정확하게는 25.3%를 배당금으로 지급한 것입니다.

모든 기업이 이렇게 전체 당기순이익의 25%를 배당금으로 쓸까요? 그렇지 않습니다. 배당을 하지만, 매우 적은 금액만 하는 기업도 있으며, 버는 돈의 거의 대부분을 배당으로 쓰는 회사도 있습니다.

2차전지 관련 회사인 삼성SDI의 경우 극히 순이익에 비해 적은 금액을 배당에 사용하고 있습니다. 비율로 따져본다면 약 3.3% 정도입니다. 이 기업의 배당이 적은 이유는 기업을 성장시키기 위해서 이익의 대부분을 투자에 사용하고 있기 때문입니다.

2차 전지 사업의 경우 대규모 공장이 필요하고, 여기에 들어가는 설비 또한 필요합니다. 따라서 이익이 나더라도 주주에게 굳이 배당하지 않고 기업의 가치 증대(사업 이익의 확대+자산의 확대)에 쓰게 됩니다.

동일 업종에 속한 LG에너지솔루션은 영업이익률이 6%를 넘고 있지만 아직 배당을 실시하지 않고 있습니다. 미국에 공장을 증설하고, 장비를 들이는 데 돈을 많이 쓰고 있고, 배당을 하는 것보다 이

삼성SDI 배당성향

구 분	주식의 종류	당기 제54기	전기 제53기	전전기 제52기
주당액면가액(원)		5,000	5,000	5,000
(연결)당기순이익(백만원)		2,009,207	1,952,148	1,169,802
(별도)당기순이익(백만원)		821,182	865,838	596,550
(연결)주당순이익(원)		30,044	29,191	17,492
현금배당금총액(백만원)		66,945	68,951	66,945
주식배당금총액(백만원)		-	-	-
(연결)현금배당성향(%)		3.3	3.5	5.7
현금배당수익률(%)	보통주	0.2	0.2	0.2
	우선주	0.4	0.4	0.3

출처: 삼성SDI 실적공시

LG에너지솔루션 배당금 미지급

구 분	주식의 종류	당기 제4기	전기 제3기	전전기 제2기
주당액면가액(원)		500	500	500
(연결)당기순이익(백만원)		1,237,180	767,236	792,519
(별도)당기순이익(백만원)		-65,689	-528,127	-102,962
(연결)주당순이익(원)		5,287	3,306	3,963
현금배당금총액(백만원)		-	-	-
주식배당금총액(백만원)		-	-	-
(연결)현금배당성향(%)		-	-	-
현금배당수익률(%)	보통주	-	-	-
	-	-	-	-

출처: LG에너지솔루션 실적공시

런 식의 투자가 주주가치 증대에 더 효율적이라 판단한 것으로 봅니다.

배당성향 수치가 클수록 회사는 주주 친화적이며 좋은 기업이라고 생각하는 경향이 있습니다. 완전히 틀린 말은 아니지만 그렇다고 완전히 옳은 말도 아닙니다. 배당성향이 큰 경우 순이익 전부가 회사 주주들에게 배당금으로 지급됩니다. 이럴 경우 회사의 발전을 위해 쓰는 돈이 거의 없게 됩니다. 따라서 회사의 매출 증대를 위한 기술의 개발 및 발전을 전혀 기대할 수 없게 되고, 순이익이 늘어나는 것 역시 기대할 수 없게 됩니다.

또한 이런 경우 회사가 급격한 위험에 처할 때 버틸 수 있는 체력이 없다는 큰 문제점이 있습니다. 코로나가 한창인 때 미국의 항공기 제작업체였던 보잉은 배당성향이 100%를 넘어선 때도 있었습니다. 결국 수익이 급격히 줄어들고 배당금을 지급할 돈이 없자 배당을 중단하고 말았습니다. 배당을 보고 투자했던 투자자들의 경우 심각한 충격을 받았음은 틀림없습니다.

배당성향이 극히 작은 경우 역시 좋은 것만은 아닙니다. 계속해서 급격히 성장하는 기업이라면 주가의 상승분으로 충분히 만족할 수 있을 것입니다. 하지만 성장세가 꺾이고, 실적이 나빠지게 되면 주주가 투자한 돈으로 회사를 운영해서 번 돈으로 대체 뭘 하는 거냐는 주주들의 여론에 부딪힐 수 있습니다. 이 때문에 배당성향을 적당하게 유지하는 것은 중요합니다. 기술발전을 위한 투자를 게을리해서도 안 되고 주주환원정책을 지키는 것도 중요합니다. 투자자의 입장에서는 이를 잘 지키면서도 배당을 끊임없이 지급하는 회사를 선택하는 것이 중요하겠죠.

배당기준일

배당에 관련된 기사에서 항상 등장하는 말이 바로 배당기준일, 배당락, 배당락일입니다. 배당을 받으려면 주식을 언제까지 매수해야 하는지, 배당이 지급되고 나면 왜 주가는 꼭 하락하는지에 대한 질문들이 많습니다. 많은 사람들이 배당을 받기 위해 주식을 사긴 하지만 어떤 절차를 통해서 배당이 지급되는지 모르는 경우가 더 많죠.

배당기준일은 주주가 당해년도의 배당금을 받기 위한 권리를 인정받을 수 있는 기준이 되는 날입니다. 주주가 권리를 인정받기 위해서는 주주명부에 이름이 기재되어 있어야 하므로 배당기준일은 곧 주주명부를 확정하기 위한 특정한 날짜를 말하기도 합니다.

주식은 하루에도 수없이 거래되며, 이로 인해 회사의 주인은 하루에도 수천 번 이상 변경됩니다. 이런 복잡한 거래 환경 속에서 배당금을 지급하기 위해서는 어떤 특정한 날짜에 회사의 주식을 가지고 있는 사람들의 명단, 즉 주주명부를 확보해야 합니다.

배당금은 배당기준일에 이 주주명단에 기재된 사람들에게만 지

배당기준일과 지급일

1. 배당구분		결산배당
2. 배당종류		현금배당
- 현물자산의 상세내역		-
3. 1주당 배당금(원)	보통주식	70
	종류주식	-
- 차등배당 여부		미해당
4. 시가배당율(%)	보통주식	1.2
	종류주식	-
5. 배당금총액(원)		34,451,747,540
6. 배당기준일		2023-12-31
7. 배당금지급 예정일자		2024-04-26
8. 주주총회 개최여부		개최
9. 주주총회 예정일자		2024-03-28
10. 이사회결의일(결정일)		2024-02-07
- 사외이사 참석여부	참석(명)	4
	불참(명)	0
- 감사(사외이사가 아닌 감사위원) 참석여부		-
11. 기타 투자판단과 관련한 중요사항		

출처: 쌍용C&E 배당금 공시

급됩니다. 회사는 '배당기준일'에 주식을 가지고 있는 주주들에게 배당을 지급합니다. 예를 들어, 쌍용C&E의 배당금 지급 공시에 명시된 배당기준일이 2023년 12월 31일이라면, 2023년 12월 31일 장 종료 이후 주식을 가지고 있는 사람들의 명단을 확보하고, 그 사람들에게 2024년 4월 26일에 주당 361원씩 배당을 지급하는 것이죠.

문제는 우리나라 주식시장에서 주식을 매수하면 매수한 날로부터 2영업일 뒤인 D+2일에 실제 거래가 체결되고, 주식과 돈이 오간다는 것입니다. 주식을 매수만 해서는 실제 내 소유가 되지 못하고, 주주명부에도 올라가지 않습니다. 2영업일 이후에 실제 거래가 체결되고, 주식도 내 소유가 되며, 주주명부에 이름이 올라가게 됩니다.

만약 12월 31일이 배당기준일이었고, 이때까지 주식을 '보유'하고 있어야 배당을 받는다고 해봅시다. 12월 31일에 주식을 보유하려면 2영업일 이전에 주식을 '매수'했어야 합니다. 그래야 D + 2일에 주식이 실제로 내 것이 될 수 있으니까요.

- 배당기준일: **12월 31일**
- 주식매수일: **12월 29일**

배당기준일 이틀 전인 12월 29일에는 반드시 주식을 '매수'해야 30일에 거래가 '체결'되어 '보유'하게 되고 이 회사의 주주가 되어 명부에도 올라가게 됩니다. 12월 31일 배당기준일에 '매수'가 아니라 '보유', 즉 명부에 이름이 있어야 배당을 받을 권리가 생긴다는 점을 꼭 기억하길 바랍니다.

여기서 주의할 점이 몇 가지 있습니다. 배당기준일 기준 D-2일까지 주식을 매수해야 한다는 것은 영업일 기준입니다. 즉 휴일과 주말 등을 제외하고 계산해야 합니다. 만약 12월 31일이 화요일이면, 12월 29일은 일요일입니다. 따라서 주식매수일은 12월 27일 금요일이 되는 것입니다. 이처럼 D-2일에는 주말과 연휴는 포함되지 않는다는 사실을 잊지 말아야 합니다.

| 배당락일

그렇다면 배당락은 무슨 뜻일까요? 배당락은 '배당을 받을 수 있는 권리가 없어짐'이라는 뜻으로 쓰이기도 하고, '권리가 없어졌기 때문에 주식의 가격이 배당금만큼 하락함'이라는 뜻으로도 쓰입니다. 오늘부터는 주식을 사도 배당금을 받을 수 없다는 뜻으로 이해하면 좋습니다. 구체적으로 달력에서는 어디가 배당락이 발생하는 배당락일일까요? 배당을 받기 위해 마지막으로 매수해야 하는 바로 그 날짜 다음 날이 배당락일이 됩니다.

배당기준일로부터 D-2일이 매수를 위한 마지막 날이며 이날이 지나면 배당기준일에 주식을 보유하지 못하게 됩니다. 그렇기 때문에 배당기준일 D-1일이 배당락일이 되는 것입니다. 배당기준일이 지나면 주식을 보유해도 배당금을 지급하지 않습니다. 배당을 받을

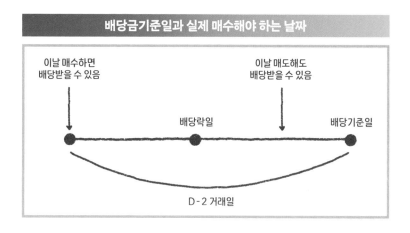

배당금기준일과 실제 매수해야 하는 날짜

이날 매수하면
배당받을 수 있음

이날 매도해도
배당받을 수 있음

배당락일

배당기준일

D-2 거래일

권리가 사라졌기 때문입니다.

'그렇다면 배당기준일 D-2일 전에 주식을 사 놓고 배당을 받은 후 배당기준일이 지나서 주식을 팔면 되겠네!' 이런 생각을 하는 투자자들이 있을 겁니다. 그렇지만 사람들은 그렇게 바보가 아닙니다. 주식투자자들 누구나 다 이런 생각을 하기 때문에 배당락일이 되면 주가가 배당금을 지급한 만큼 하락하는 현상이 일어납니다. 이를 배당락으로 인한 주가하락분이라고 보는 경향이 있습니다. 회사가 보유한 현금이 배당으로 줄어들었으니 회사의 가치도 그만큼 줄어들었다고 보는 시장의 자연스러운 작용이라고 볼 수 있습니다.

배당을 많이 하면
무조건 좋을까?

고배당주의 함정

많은 사람들이 배당금을 많이 지급하면 좋은 회사라고 생각합니다. 그러나 배당은 회사가 배당금을 지급할 여력이 있는지가 중요하며, 그 여력 안에서만 지급하는 것이 중요합니다. 그래서 배당성향이라는 지표를 보는 것입니다.

아예 배당금을 지급하지 않는다고 이를 나쁘다고 표현할 수 없는 것처럼 배당금을 많이 준다고 무조건 좋다고 할 수도 없습니다. 미국 주식 중 버크셔 해서웨이의 경우 전혀 배당을 지급하지 않습니다. 배당을 줄 돈으로 오히려 더 좋은 투자를 진행해 매출을 올리고 순이익을 늘려, 회사의 주가를 올리는 것이 주주에게 훨씬 더 큰 도움이 된다는 것이죠.

배당금 자체의 크기가 크다고 무조건 좋은 것도 아닙니다. 배당금이 주당 1만 원인 기업과 주당 100원인 기업을 두고 어느 회사가 좋고 어느 회사가 나쁘다고 할 수는 없습니다. 배당의 수익률은 반드시 현재의 주가 혹은 투자 당시의 주가를 알아야 계산할 수 있습니다. 배당금의 규모가 적정한지 알기 위해서는 절대적인 배당금액만 봐서는 안 된다는 뜻입니다.

예를 들어 배당금을 1만 원 지급하지만, 이 회사의 주가가 100만 원이라면 어떤가요? 배당수익률은 1%에 불과합니다. 반대로 배당금은 100원이고 주가가 1,000원이라면 이 회사에 투자했을 시 얼

한국 기업의 배당금 지급 순위

전체 코스피 코스닥

종목명	현재가	기준월	배당금	수익률 (%)	배당성향 (%)	ROE (%)	PER (배)	PBR (배)	과거 3년 배당금		
									1년전	2년전	3년전
한국쉘석유	328,500	23.12	25,000	7.61	86.95	31.27	7.86	2.33	18,000	19,000	14,000
삼성화재우	264,500	24.03	16,005	6.05	37.40	12.73	7.31	0.69	13,805	12,005	8,805
삼성화재	354,500	24.03	16,000	4.51	37.40	12.73	7.31	0.69	13,800	12,000	8,800
고려아연	518,000	23.12	15,000	2.90	57.40	5.72	19.06	1.10	20,000	20,000	15,000
현대차2우B	167,000	24.02	11,500	6.89	25.07	13.68	4.67	0.58	7,100	5,100	3,100
현대차우	165,500	24.02	11,450	6.92	25.07	13.68	4.67	0.58	7,050	5,050	3,050
현대차3우B	161,800	24.02	11,450	7.08	25.07	13.68	4.67	0.58	7,050	5,050	3,050
현대차	243,500	24.02	11,400	4.68	25.07	13.68	4.67	0.58	7,000	5,000	3,000
영풍	308,000	23.12	10,000	3.25	-28.26	-1.58	-15.62	0.23	10,000	10,000	10,000
POSCO홀딩스	327,500	24.02	10,000	3.05	44.68	3.18	24.88	0.70	12,000	17,000	8,000

출처: 네이버페이 증권

을 수 있는 배당수익률은 10%에 이릅니다. 즉 배당금 자체로는 비교할 수 없으며, 그 회사의 주가와 배당성향 등등을 모두 확인해야 합니다.

실제 국내에 상장된 회사들을 배당금 순으로 정렬하면 주당 2만 5,000원을 지급하는 회사도 있습니다(한국쉘석유). 그러나 이 회사의 주가는 28만 3,000원에 달하기 때문에 꽤 큰 투자금을 넣어야 합니다. 포스코홀딩스는 배당금으로 주당 1만 원을 지급하지만, 수익률은 2.49%에 불과합니다. 이처럼 배당금이 많다고 좋은 것은 아닙니다.

그럼 배당수익률이 높은 종목은 좋은 종목이라고 할 수 있을까요? 여기서 초보자들이 잘 빠지는 고배당주의 함정이 나옵니다. 사실 배당수익률이 비정상적으로 높다는 것은 경계해야 할 대상입니다. 회사는 주주가치 증대를 위해서 배당을 지급하지만, 번 돈의 거의 전부 혹은 번 돈보다 더 많은 금액을 배당하는 것은 확실히 비정상적입니다. 왜 이렇게 고배당을 줄까요? 그리고 과연 이런 식의 고배당이 지속적으로 유지될 수 있을까요?

▎ 배당의 지속성

우리가 확인 가능한 배당수익률은 전년도의 배당금과 현재의 주가를 기준으로 계산된 수치입니다. 당연하게도 올해 지급할 배당금은 얼마인지 아직 결정되지 않았기 때문입니다. 아니, 배당금을 지급할지 말지조차 결정되어 있지 않습니다. 따라서 현재의 배당수익률이 높다고 해서 내년에 그만큼의 배당금을 지급할 것이라고 가정하는 것은 무척이나 위험합니다. 배당수익률이 비정상적으로 높은 경우라면 더욱 그렇습니다.

이러한 문제점을 미리 사전에 확인하고 투자 여부를 판단하기 위해서는 이전의 배당금 지급내역을 모두 확인해 보는 게 좋습니다. 과거 3년간의 배당금 지급 규모를 확인하면 과연 이 회사가 연속적으로 일정한 배당금을 지급해 왔는지를 확인할 수 있습니다.

예를 들어 인화정공의 경우 지난 3년간 한 번도 배당을 지급하지 않다가 2023년 기준으로 주당 2,250원을 지급해 수익률이 17%가

인화정공의 과거 3년 배당금

종목명	현재가	기준월	배당금	수익률 (%)	배당성향 (%)	ROE (%)	PER (배)	PBR (배)	과거 3년 배당금		
									1년전	2년전	3년전
한국파라렐	218	23.12	2,168	994.49					390	90	235
스타에스엠리츠	3,140	23.12	961	30.60	220.22	5.24	26.77	1.51	1,572	200	150
에스코홀딩스	44,250	23.12	8,750	19.77	157.91	4.99	8.38	0.30	2,500	2,250	2,000
에이플러씨엔씨	8,050	24.04	1,427	17.73	605.02	6.05	28.98	2.01	0	0	0
크레버스	15,980	23.12	2,000	12.52	110.97	33.62	12.71	3.15	1,800	2,000	800
신한알파리츠	6,660	24.03	828	12.43	727.40	1.68	76.30	1.14	372	352	302
NH프라임리츠	4,485	24.05	540	12.04					246	233	241
오삼헬스케어	17,180	23.12	2,000	11.64	21.62	47.25		0.00	3,000	1,000	2,000
정다운	2,680	23.12	300	11.19	30.04	30.34	2.80	0.75	100	100	
인화정공	20,900	23.12	2,250	10.77	817.65	1.47	43.53	0.63	0	0	0

출처: 네이버페이 증권

넘었습니다. 과연 이 회사가 2024년에도 동일하게 돈을 벌어 비슷한 규모의 배당금을 지급할 수 있을까요? 그럴 수도 있고, 아닐 수도 있기 때문에 무작정 17%라는 고배당을 보고서 투자하는 것은 옳지 않다는 이야기입니다.

| 배당률의 증가 원인

보통 고배당주라고 하면 기업의 실적이 좋아서 순이익이 늘어나고 그에 따라 배당을 많이 하고 배당수익률이 늘어난다고 생각합니다. 그러나 주가가 하락해서 현재 주가 대비 배당수익률이 높아지는 경우도 상당히 많습니다. 배당금은 그대로인데 주가가 빠지면서 상대적으로 수익률이 높아진 것처럼 보이는 것입니다. 주가의 하락 이유는 다양합니다만 대부분 기업의 실적 악화 때문입니다. 매출이 줄고 순이익이 줄어드니 이에 따라 주가도 하락하는 것이죠.

문제는 이익이 줄었다고 해서 배당금을 줄이기는 무척 어렵다는 것입니다. 왜냐하면 주주 입장에서는 작년에 받았던 규모를 예상하고 투자를 했을 텐데 이익이 줄었다고 배당금을 줄이면 반발이 커지기 때문입니다. 그래서 회사 입장에서는 어쩔 수 없이 전년도와 동일한 배당금을 지급하는 경우가 많습니다.

이런 상황이 발생하면 주가가 하락했는데도 배당금이 동일해서 고배당 주식처럼 보입니다. 그러나 실적 악화가 지속되어 수익이 줄어든다면 결국 언젠가는 배당을 줄이거나 아예 중지하는 배당컷도 발생할 수 있습니다. 고배당에 혹해 투자했는데, 배당을 중지하는 경우는 상당히 많습니다.

제가 한동안 많이 투자했던 미국 주식 중에 EPR Properties라는 종목이 있습니다. 건물을 보유해 영화관이나 쇼핑센터로 임대해 그 임대수익을 기반으로 배당금을 지급하는 월배당 종목이었습니다. 8%에 달하는 고배당주였는데, 2020년 3월 이후 코로나의 여파로 입점 업체들이 임차료를 미납하기 시작하면서 실적이 하락하게 됩니다. 당연히 그에 따라 이익이 줄고, 주가도 하락했습니다.

그러나 배당금의 경우는 그대로 유지하면서 지급했는데, 이 때문에 배당 수익률이 무려 20%가 넘는 경우가 발생했습니다. 이를 보

EPR Propertis의 배당수익률

EPR Dividend Yield

1M 6M 1Y **5Y** 🔒10Y ⚙ 📊 ⋖ 🎛 + Add Comparison

● EPR   7.70%
Yield (TTM)   +34.03%

주가 하락으로 배당수익률 급등

수익성 급감으로 배당 중단

40.00%

30.00%

20.00%

10.00%

0.00%

2020   2021   2022   2023   2024

출처 : SeekingAlpha 웹사이트

고 고배당주라고 판단하여 투자에 참여한 투자자들도 많았습니다. 결국 코로나가 장기화되면서 이 회사는 배당 지급을 중지해 버렸고, 배당금을 보고 투자했던 투자자들은 적잖이 당황하기도 했습니다.

이렇듯 배당수익률이 높다는 함정에 빠지지 않도록 배당주 투자 시 모든 측면을 면밀히 검토해야 합니다. 단순히 배당금이 많다고, 배당수익률이 높다고, 배당성향이 높다고 좋은 배당주가 아니라는 점을 명심해야 합니다.

공모주 투자는 또 다른 주식투자 방식으로 각광받고 있습니다. 그러나 많은 사람들이 공모주 투자를 투자만 하면 돈을 벌 수 있는 꿀통투자 정도로 생각하고 접근하는 경향이 있습니다. 하지만 공모주 투자 역시 일반적인 주식투자와 동일하게 대해야 하며, 오히려 이전에 거래된 이력이 없고, 업력이 짧은 경우가 많기 때문에 더 신중히 접근해야 합니다. 이번 장에서는 기업이 왜 상장하는지, 왜 공모청약을 받는지, 공모청약에서 주의 깊게 보아야 할 내용들은 어떤 것이 있는지 알아보겠습니다.

4부

기업의 처음부터
함께하는
공모주 투자

기업이 상장하는 이유

기업이 회사를 운영하기 위해서는 자금이 필요합니다. 일반적으로 주식회사는 회사를 설립할 당시 주주들이 출자금을 내어 그 돈으로 운영됩니다. 매출이 나고 수익이 나면서 그 수익금을 재투자하고 직원들의 월급을 주고, 원재료를 사서 제품을 만들게 되죠.

회사가 한 단계 성장하기 위해서는 공장이나 설비 증설이 필요합니다. 생산량을 늘려 매출을 늘리고, 원가율을 떨어트려 이익을 늘리기 위해서입니다. 당연하게도 공장이나 설비를 늘리기 위해서는 돈이 필요합니다. 기업이 공장 설비 증설에 필요한 돈을 조달하기 위한 방법은 어떤 것이 있을까요?

첫 번째, 대출입니다. 개인도 인생을 살면서 주택을 사기 위해서는 대출을 필수적으로 이용하게 됩니다. 집을 담보로 제공하고, 대출을 받아 30년간 매달 이자와 원금을 갚아 나가는 방식입니다. 기업도 이렇게 은행으로부터 대출을 받아 자금을 조달할 수 있습니다. 개인과 마찬가지로 원금과 이자를 상환해야 합니다. 기업대출은 개인보다는 저금리에 더 많은 금액을 조달할 수 있다는 장점이 있긴 하지만, 원금과 이자를 갚아야 하는 것은 변하지 않는 진리입니다.

두 번째, 주식을 판매합니다. 회사가 자금을 마련하기 위해 이용할 수 있는 가장 쉽고 좋은 방법은 주식을 새롭게 만들어 판매하는 것입니다. 주식을 만드는 데는 비용이 들지 않으며, 주식을 판매하면서 투자자들에게 받은 금액은 상환해야 하는 의무가 없으므로 회사 입장에서는 굉장히 유리한 방법입니다.

이렇듯 주식을 만들어 판매하기 위한 방법은 몇 가지가 있습니다. 투자를 전문적으로 하는 투자은행에 새로운 주식을 판매할 수 있습니다. 혹은 일반인들을 대상으로 공개적으로 투자자를 모집하는 방법도 있습니다.

공모주와 상장

후자의 경우를 주식투자자를 공개모집한다고 해서 공모라고 하며 이런 주식을 공모주라고 합니다. 이러한 공모주는 투자자에게 원금을 갚을 필요도 없고, 이자를 내야 할 필요도 없기 때문에 회사 입장에서는 굉장히 좋은 자금 조달 방식입니다.

일반인과 투자기관에 판매한 주식이 실제 주식시장에서 거래가 가능하기 위해서는 등록 절차를 거쳐야 합니다. 이를 상장이라고 하며 영문으로는 Listing이라고 합니다. 일반적으로 IPO라고 불리는 이 과정은 주식을 만들어 판매하고, 이 주식들이 거래가 가능하도록 주식시장에 상장하는 일련의 과정을 모두 지칭합니다.

회사는 공모를 통해 자금을 조달합니다. 이 돈을 가지고 무얼 할까요? 회사는 이렇게 모집된 자금을 기반으로 공장을 증설하거나 시설과 설비를 구입해 생산량을 늘리거나 연구 개발 인력을 충원하는 등 매출 증대를 위해서 투자하게 됩니다. 혹은 회사가 운영을 위해 빌렸던 부채를 상환하는 데 사용하기도 합니다.

공모주에 투자하기 위해서는 이 회사가 어떤 회사인지를 알아봐야 합니다. 공모주 투자자들은 어떤 정보를 가지고 아직 상장하지 않은 회사에 대한 투자 결정을 할 수 있을까요? 상장하는 모든 회사는 반드시 '증권신고서'라는 문서를 발행해 공시해야 합니다. 이 문서는 회사가 어떤 회사인지, 왜 주식을 만들어 판매하고, 자금을 모집하는지, 얼만큼의 주식을 만들어 판매하는지, 얼마에 판매하는지를 알려 줍니다.

투자자인 우리는 증권신고서를 통해 회사에 대한 정보를 확인할

유진테크놀로지 발행자금사용계획 내역

구분		내역	금액	시기
시설자금	기계 사업부	생산설비 투자	3,000	2024년 ~ 2025년
	기계 사업부	건물 증축	1,500	2024년
	리드탭 사업부	생산설비 투자	2,500	2024년 ~ 2025년
	시설자금 소계		7,000	
운영자금	해외자회사	인도네시아 법인	900	2023년
		미국 사무소 추가설립	1,500	2024년 ~ 2025년
	본사운영자금	연구소 및 영업 인원충원	1,000	2024년 ~ 2025년
	운영자금 소계		3,400	
채무상환자금	차입금 상환		1,444	2024년
	채무상환자금 소계		1,444	
합 계			11,844	

주) 상기 자금사용계획은 공모자금 중 구주매출대금 및 발행제비용을 제외한 순수 유입액인 11,844백만원을 기준으로 산정하였습니다.

출처: 유진테크놀로지 증권신고서(2023.09.15), 단위: 백만 원

수 있고, 회사가 발행한 가격이 적당한지 아닌지를 판단할 수 있습니다. 공모주 투자에서 증권신고서는 무척이나 중요하기 때문에 이 문서를 확인하는 방법을 알아보겠습니다. 이후 공모주가 어떤 방법을 통해 가격이 결정되는지 흐름을 살펴보고, 투자를 결정하는 기준에 대해 알아보도록 하겠습니다.

증권신고서 확인하기

공모주 청약에서 빠트리지 말고 봐야 하는 문서가 바로 회사와 주관사가 발행하는 '증권신고서'입니다. 우리 회사가 어떤 회사이며, 이번에 발행하는 주식은 얼마이고 어떻게 결정되었고, 몇 주를 모집하게 되는지, 모집된 금액은 얼마인지, 이 돈을 어디에 사용할지 등등 공모청약에 대한 모든 정보를 기록하는 문서입니다.

필요한 모든 정보가 포함되어 있기 때문에 이 문서만 잘 들여다본다면 청약의 90%는 성공했다고 볼 수 있습니다. 다만 문서가 매우 방대해 일반 투자자 입장에서 중요한 정보가 어디 있는지 알기가 어렵다는 단점은 있습니다. 그럼에도 불구하고 필수적인 문서이기 때문에 보는 법을 잘 알아 두어야 투자에 실패가 없습니다.

증권신고서는 공모주 청약을 준비 중인 회사의 홈페이지에서 찾아볼 수 있습니다. 하지만 회사의 홈페이지를 찾기가 어려운 경우도 다수 있고, 중소형 회사인 경우 인터넷 트래픽을 제대로 확보하지 않아 회사 홈페이지가 먹통이 되는 경우도 다수 있습니다. 따라서 저는 38.co.kr이라는 사이트를 주로 이용합니다. 각 공모주들의 정보를 정리해 업로드하는 사이트이며, 회원가입을 하지 않더라도 이용이 가능하다는 장점이 있습니다. 이 사이트에서 11월 4일 기준 공모청약을 준비하는 회사 중에서 가장 눈길을 끌고 있는 '에코프로머티리얼즈'의 증권신고서를 찾아보겠습니다.

중간에 보면 공모기업 분석 보기가 있습니다. 이를 눌러 보면 회사에 대한 일반적인 분석을 볼 수 있습니다. 우리가 후에 알아야 하는 대부분의 정보는 여기서 확인이 가능합니다. 그러나 자세한 정보는 증권신고서를 꼭 봐야 합니다. 스크롤을 밑으로 내려 보면 증권신고서를 확인할 수 있는 링크가 나옵니다.

공모주 청약을 하기 위해서는 증권신고서를 공시해야 하는데, 한

출처: 38 커뮤니케이션

38커뮤니케이션에서 본 에코프로머티리얼즈 기업 개요

▣ 기업 개요

종목명	에코프로머티리얼즈	진행상황	공모주
시장구분	거래소	종목코드	450080
업종	일차전지 및 축전지 제조업		
대표자	김병훈	기업구분	중소일반
본점소재지	경상북도 포항시 북구 흥해읍 영일만산단남로75번길 15		
홈페이지		대표전화	054-720-2341
최대주주	에코프로 52.78%		
매출액	665,248 (백만원)	법인세비용차감전 계속사업이익	12,676 (백만원)
순이익	15,583 (백만원)	자본금	28,951 (백만원)

▣ 공모 정보

총공모주식수	14,476,000 주	액면가	500 원
상장공모	신주모집 : 14,476,000 주 (100%)		
희망공모가액	36,200 ~ 44,000 원	청약경쟁률	
확정공모가	- 원	공모금액	524,031 (백만원)
주간사	미래에셋증권,NH투자증권,하이투자증권	주식수 : 3,619,000~4,342,800 주 / 청약한도 : 35,000~42,000 주	

출처 : 38 커뮤니케이션

올라온 순서대로 확인할 수 있는 에코프로메티리얼즈 공시자료

▣ 공시 자료

접수일자	보고서명
2023/10/11	[에코프로머티리얼즈][기재정정]증권신고서(지분증권)
2023/09/25	[에코프로머티리얼즈]증권신고서(지분증권)
2023/08/14	[에코프로머티리얼즈]반기보고서 (2023.06)
2023/07/31	[에코프로머티리얼즈][기재정정]분기보고서 (2023.03)
2023/05/15	[에코프로머티리얼즈]분기보고서 (2023.03)

출처 : 38 커뮤니케이션

번만 하는게 아니라 여러 번에 걸쳐서 하게 됩니다. 한번 공시 후 문제가 있는 부분은 수정해 재공시하기 때문입니다. 또한 확정이 안된 부분이 확정되었다면 이 부분을 수정해 재공시하기도 합니다. 한 번에 완료되는 경우는 없고 최소 2~3번의 공시자료가 나오며, 많으면 7~8번도 나오는 경우가 있습니다. 대부분 최종 항목만 확인하면 되지만, 수정된 항목만 기재해 공시하는 경우도 있기 때문에 이전 항목과 비교해 확인해야 하는 경우도 있습니다.

증권신고서를 확인하기 위해서는 회사의 IR 페이지를 보는 것이 가장 좋습니다. 다만, 모든 회사의 IR 페이지를 다 찾아보기는 사실상 불가능하기 때문에 이를 모아 놓은 사이트를 보면 편리합니다. 38.co.kr은 그중에서 가장 잘 알려진 사이트입니다. 공모청약을 진행하는 회사들의 증권신고서를 편리하게 확인할 수 있습니다.

가장 먼저 주관사(주간사)가 어디인지 확인 후 내가 해당 증권사에 계좌가 있는지 확인해야 합니다. 공모청약은 증권사를 통해 진행되기 때문에 반드시 해당 증권사에 계좌가 있어야 합니다. 에코프로머티리얼즈 종목의 경우 미래에셋증권, NH투자증권, 하이투자증권 중 한 곳에서 청약을 신청할 수 있습니다. 여러 증권사에 계좌가 있다 해도 한 곳만 이용이 가능합니다.

청약 일정은 사이트 하단에서 확인할 수 있습니다. 중요한 일정은 공모청약일과 납입일 그리고 상장일입니다. 내가 언제 청약을 진행해야 하는지, 언제 배정되는지 그리고 언제 상장하는지를 잘 알고 있어야 공모주 투자를 성공적으로 이룰 수 있습니다.

확정공모가와 총공모주식 수 그리고 그룹별 배정되는 주식 수도 확인해야 합니다. 확정공모가는 너무 비싼지 싼지를 가늠할 수 있어야 하며, 동일 업종의 기업들이 주가가 어느 정도에 거래되는지를

에코프로머티지얼즈의 청약 일반 정보

◘ 청약 일정

주요일정			
주요일정	수요예측일	2023.10.30 ~ 2023.11.03	
	공모청약일	2023.11.08 ~ 2023.11.09	
	배정공고일(신문)	2023.11.13 (주간사 홈페이지 참조)	
	납입일	2023.11.13	
	환불일	2023.11.13	
	상장일	2023.11.17	

공모사항					
공모사항	확정공모가	36,200 원	주당액면가 : 500 원		
			희망공모가액 : 36,200 ~ 44,000 원		
	총공모주식수	14,476,000 주	공모금액 : 524,031 (백만원)		
	그룹별배정	우리사주조합	2,895,200 주 (20%)	청약증거금율 : 100%	
		기관투자자등	7,961,800~10,857,000 주 (55~75%)	최고한도 : - 주	
		일반청약자	3,619,000~4,342,800 주 (25~30%)	청약증거금율 : 50%	
			청약최고한도 : 35,000~42,000 주	최저 : - 주	

IR일정	IR일자	2023.11.02	IR장소/시간	기관 : 온라인-유투브 PM 02:00 일반 :
수요예측결과	기관경쟁률	17.2:1	의무보유확약	3.31%
신규상장	신규상장일	2023.11.17	현재가	- 원 (%)

출처: 38 커뮤니케이션

알아서 비교해 보면 좋습니다. 물론 공모가 결정 시 관련 기업들의 주가나 실적을 바탕으로 결정하긴 하지만, 결국 이 가격도 회사와 증권사가 원하는 대로 조절이 가능하기 때문에 청약 전에 반드시 검토해야 합니다.

발행하는 신규 주식이 모두 일반 청약자에게 배정되는 것은 아닙니다. 대부분의 물량은 돈이 많은 기관 투자자들에게 배정되며, 일부는 회사의 우리사주로 배정됩니다. 남은 25% 정도의 주식만이 일반 투자자에게 배정됩니다. 일반 투자자에게 배정되는 주식 수가 많으면 경쟁률이 낮아져 배정받을 확률이 높아지며, 주식 수가 적을수록 경쟁률이 높아져 배정받을 가능성이 낮아집니다.

이외의 경쟁률이나 의무보유확약 비율 등에 대해서는 뒤에서 더 자세히 다루도록 하겠습니다.

공시된 증권신고서 중 눈여겨봐야 하는 것은 증권신고서(지분증권)입니다. 이 자료가 가장 먼저 만들어진 회사의 공모청약을 위한 것입니다. 가장 위에 위치한 [기재정정]증권신고서(지분증권)의 경우는 앞서의 서류에 잘못된 내용이나 혹은 확정되지 않아 미정으로 기재된 부분을 수정하거나 확정해 기재한 내용을 담은 서류입니다.

내용적으로는 최종 10월 11일분을 보는 게 가장 정확하며, 생략된 내용에 대해서는 9월 25일에 나온 공시를 보는 것이 좋습니다. 그렇다면 증권신고서에서는 어떤 내용을 봐야 할까요?

증권신고서에서
필수적으로 봐야 하는 내용

증권신고서를 열어 목차를 보면 다양한 항목들이 있습니다. 크게는 요약, 1부 모집과 매출에 대한 사항, 2부 발행인인 회사에 대한 사항을 정리했다고 볼 수 있습니다. 회사에 대한 정보와 그 회사가 발행하는 신규 주식에 대한 정보를 알려 준다고 보면 됩니다.

모든 항목을 다 상세히 읽어 보면 좋겠지만, 시간을 아끼면서도 투자 수익률을 높이고 싶다면 꼭 살펴봐야 하는 내용들이 있습니다.

- 회사와 사업의 내용
- 회사의 사업 영역
- 희망 공모가 결정 과정
- 청약 일정 확인
- 매출에 대한 사항: 몇 주를 모집하는지, 확정 공모가는 얼마인지, 최소 청약주 수는 몇 주인지, 어떤 방식으로 배정하는지 등등
- 기관 투자자들의 수요 예측, 기관경쟁률, 의무보유확약비율, 자금 사용계획, 상장 첫날 유통 가능 물량

꽤 많다고 느낄 수 있지만, 소중한 내 돈을 처음 보는 회사에 투자하는데 이 정도는 꼭 확인해야 합니다. 공모주가 한창 인기 있을 때는 돈을 넣기만 하면 번다는 이야기가 있을 정도였지만, 특수가 가라앉은 지금은 그렇지 않을 때가 훨씬 많기 때문입니다.

많은 내용을 봐야 한다는 점에서 이미 초보자들은 공모주 투자는 어렵다고 생각할 수도 있습니다. 그래서 제가 공모주에 투자할 때 사용하는 흐름과 방법을 알려 드리려고 합니다. 웬만큼 엉망인 기업이 아니라면 이 방식을 통해 최소한의 수익을 올릴 수 있을 것입니다. 우선 공모주가 어떤 방식으로 가격을 결정하고 투자를 받는지부터 알아봅시다.

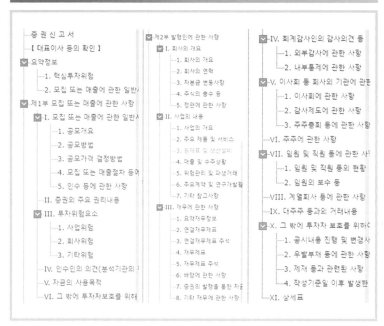

출처: DART

공모주 투자의 흐름

공모주 청약은 다음의 과정을 거쳐 진행됩니다.

---

1 회사와 주관사의 희망 공모가 결정

2 기관 투자자 수요 예측 및 공모가 확정

3 공개청약

4 주식의 배정과 환불

5 주식 입고 및 상장

복잡해 보이지만 실제 투자를 결정하기 위해서 우리 같은 일반 투자자가 정보를 확인해야 하는 때는 2번과 3번이며, 실제 액션을 취해야 하는 때는 4번과 5번입니다. 다만, 이 회사주식의 공개 모집 가격이 정말 적당한지 알기 위해서는 1번에서 희망 공모가가 적절히 정해졌는지 파악할 필요가 있습니다.

또한 과연 시장에서는 이 회사의 주식에 대해 어떻게 평가하는지를 알아야 하는데, 이를 위해서 기관 투자자들의 회사에 대한 생각을 엿볼 필요가 있습니다. 2번 수요조사를 통해 이를 파악할 수 있습니다. 하나씩 살펴보도록 하겠습니다.

회사와 주관사의
희망 공모가 결정

회사는 주식을 만들어 판매해야 합니다. 새로운 상품이기 때문에 판매 가격을 결정해야 하는데, 이 가격을 적당히 정하는 것이 무척 중요합니다.

물건이라면 다른 비슷한 종류의 물건의 가격을 참고해 결정할 수 있습니다. 그러나 주식의 경우는 완전하게 비교 가능한 대상이 없을 가능성이 높습니다. 그래서 가격을 결정하는 주체인 회사와 공모주 청약을 주관하는 주관사(주간사라고도 하며 공모주를 만들어 투자자들에게 판매하는 역할을 하는 증권사를 말함. 주관사가 맞는 말인지 주간사가 맞는 말인지에 대한 의견들은 왈가왈부가 많습니다만 여기서는 주관사로 일괄 표기하겠음)는 적정한 가격을 결정하기 위해 다양한 방식을 씁니다.

일반적으로 비교 대상이 될 수 있는 기업군을 선별한 다음 그 회사들의 주가, 매출, 실적 등을 참고해 우리 회사의 적정 PER을 결정하고, 향후 몇 년간의 이익을 고려해 가격을 결정합니다.

이때 가격은 하나로 결정되는 것이 아니라, 가장 저렴한 가격과 가장 비싼 가격을 결정해 희망 공모가 밴드라는 것을 확정합니다. 회사와 주관사가 이 회사의 주식가격은 이 정도 범위 내에서 결정하고 싶다는 의견을 낸 것이라고 볼 수 있습니다.

증권신고서를 보면 1부에 공모가격 결정 방법이라는 섹션이 있

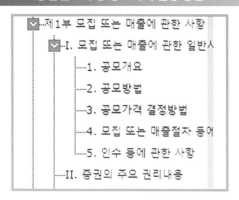

증권신고서 중 공모가격 결정 방법

- 제1부 모집 또는 매출에 관한 사항
  - I. 모집 또는 매출에 관한 일반사
    - 1. 공모개요
    - 2. 공모방법
    - 3. 공모가격 결정방법
    - 4. 모집 또는 매출절차 등어
    - 5. 인수 등에 관한 사항
  - II. 증권의 주요 권리내용

습니다. 이 부분을 보면 이 주식이 어떤 과정을 거쳐 이 가격이 되었는지 알 수 있습니다. 여기서 회사와 증권사가 원하는 가격의 상하단 밴드가 결정됩니다. 실제 가격의 결정은 기관 투자자들의 경쟁률에 의해 결정됩니다. 이 부분은 뒤에서 살피도록 하겠습니다.

공모가 상하단 밴드를 만드는 방식은 복잡하지만 원리는 간단합니다. 공모주 발행 대상 기업과 유사한 기업을 선정해 그 회사의 실적, 주가, 매출 등의 데이터를 가져와 이리저리 계산한 후에 적당한 할인율을 적용해 가격 상하단을 만들어 냅니다.

PER 비교법, EV/EBITDA 비교법 등 구체적인 방법론이 많이 있지만, 이 책에서 다룰 내용은 아닙니다. 어떤 방법론을 사용하던지 중요한 것은 유사 기업으로 선택되는 기업이 어디인가이며, 이 기업들이 정말로 공모주 회사와 비슷한 기업인가를 판단할 수 있어야 합니다.

에코프로머티리얼즈의 경우 CNGR(중국), 포스코퓨처엠(한국), 엘엔에프(한국), 코스모신소재(한국) 등 총 4개 사가 선정되어 있습니다. 이 회사가 영위하는 사업인 전구체 사업(2차 전지 관련)을 영위하는 다른 기업들을 목록화하고 여기서 대상 기업을 선정합니다. 에코프로머티리얼즈의 경우 총 11개의 기업이 선정되었습니다. 이후 사

에코프로머티리얼즈 비교회사 선정

구분	산식	CNGR	포스코퓨처엠	엘앤에프	코스모신소재
기준시가총액	(A)	33,901	31,419,082	6,784,086	4,852,948
이자지급성부채	(B)	25,027	2,402,262	1,731,181	107,096
현금및현금성자산	(C)	12,987	293,744	399,990	22,123
순차입금	(D) = (B) - (C)	12,040	2,108,518	1,331,191	84,973
비지배지분	(E)	5,855	218,779	13,506	0
기업가치(EV)	(F) = (A) + (D) + (E)	51,796	33,746,378	8,128,783	4,937,921
영업이익	(G)	2,457	144,808	86,806	32,605
감가상각비	(H)	833	126,984	41,744	16,332
EBITDA	(I) = (G) + (H)	3,291	271,792	128,550	48,937
EV/EBITDA	(J) = (F) / (I)	15.7	124.2	63.2	100.9
적용 여부		적용	적용	적용	적용
적용 EV/EBITDA 거래배수		76.0			

출처: 에코프로머티리얼즈 증권신고서(2023.09.25)

에코프로머티리얼즈 비교회사 매출 구성

연번	회사명	최근 사업연도 매출 구성	최상위 셀 업체 공급 이력	선정여부
1	CNGR	삼원계전구체 81.2%, 사산화삼코발트 10.5% 등	공급	선정
2	GEM	삼원계전구체 54.9%, 사산화코발트 13.6% 등	공급	선정
3	Huayou Cobalt	삼원계전구체/고순도광석 15.8%, 광물 무역 14.6%, 코발트 제품 13.6% 등	공급	선정
4	Guangdong Fangyuan	NCA 전구체 80.4%, NCM 전구체 11.7% 등	공급	선정
5	Zhejiang Power	단결정 NCM 전구체 96.4% 등	미공급	-
6	에코프로비엠	양극활물질 99.7% 등	공급	선정
7	엘지화학	셀 49.3%, 석유화학 40.8%, 첨단소재 6.6%, 생명과학 1.6% 등	공급	-
8	포스코퓨처엠	에너지소재 58.7%, 라임화성 24.6%, 내화물 16.7%	공급	선정
9	엘엔에프	양극활물질 100.0%	공급	선정
10	삼성에스디아이	에너지솔루션 87.3%, 전자재료 12.7%	공급	-
11	코스모신소재	양극활물질 74.4%, 기능성필름 20.8%, 토너 4.8%	공급	선정

출처: 에코프로머티리얼즈 증권신고서(2023.09.25)

업의 유사성과 재무구조의 유사성을 확인하고 이를 통해 11개 기업 중 일부인 8개를 선정해 냅니다(가장 마지막 셀은 선정 여부).

이제 8개 회사들 중에서 단기간 주가 왜곡을 일으킬 수 있는 사건사고가 있는 기업을 제외시킵니다. 유사 기업들의 주가는 공모주 회사의 주가 결정에 지대한 영향을 미치기 때문에 문제가 될 만한 기업들을 미리 제거하는 것입니다.

중대한 영향을 주는 기업과 계열·지분관계가 있는지도 중요하게 봅니다. 특히 이번 기업처럼 모회사 혹은 상호간 지분관계로 묶여 있는 기업이 유사 기업으로 선정된다면 공모주 회사의 공모가격도 왜곡될 수 있기 때문에 유의해야 합니다. 여기서는 GEM과 에코프로비엠이 계열관계사로서 제외되었습니다. 중국 기업인 Guangdong Fangyuan도 최근 유상증자를 실시한 이력이 있어 제외되었습니다. 이처럼 전체 7개의 기업 중 3개가 제외되고 남은 기업이 4개가 되었습니다.

이렇게 구해진 4개 기업을 대상으로 에코프로머티리얼즈는 EV/EVITBA 방식을 이용해 희망가를 구합니다. 기업가치와 영업이익 감가상각비 사이의 비율을 구해 이 값을 기준으로 거래배수를 구합니다. 71배의 거래배수가 나오게 됩니다.

이제 계산된 71배를 가지고 진짜 공모가 밴드를 구하게 됩니다. 우선 회사의 영업이익과 기업가치를 구한 후, 신주를 통해 모집되는 예상 유입자금을 구해 적정 시가총액을 구합니다(아직 공모가가 확정되지 않았기에 신주모집 유입자금은 예상일 수밖에 없음).

이 회사의 적정 시가총액은 3조 9,573억 원으로 계산되었습니다. 이제 회사의 신주발행 전에 만들어 놓았던 주식 수와 새롭게 만들어 내는 주식 수를 더해 전체 주식 수를 구합니다. 이제 시가총액을

에코프로머티리얼즈 비교회사 제외 조건

[기업가치에 중대한 영향을 주는 사건 발생 및 계열/지분관계 여부]

연번	회사명	중대한 사건	계열/지분관계	선정여부
1	CNGR	-	-	선정
2	GEM	-	지분관계	-
3	Guangdong Fangyuan	유상증자	-	-
4	에코프로비엠	-	계열관계	-
5	포스코퓨처엠	-	-	선정
6	엘앤에프	-	-	선정
7	코스모신소재	-	-	선정

출처: 에코프로머티리얼즈 증권신고서(2023.09.25)

에코프로머티리얼즈 거래배수 구하는 과정

구분	산식	CNGR	포스코퓨처엠	엘앤에프	코스모신소재
기준시가총액	(A)	33,901	31,419,082	6,784,086	4,852,948
이자지급성부채	(B)	25,027	2,402,262	1,731,181	107,096
현금및현금성자산	(C)	12,987	293,744	399,990	22,123
순차입금	(D) = (B) - (C)	12,040	2,108,518	1,331,191	84,973
비지배지분	(E)	5,855	218,779	13,506	0
기업가치(EV)	(F) = (A) + (D) + (E)	51,796	33,746,378	8,128,783	4,937,921
영업이익	(G)	2,424	157,513	195,343	29,615
감가상각비	(H)	710	112,046	38,334	16,144
EBITDA	(I) = (G) + (H)	3,134	269,558	233,676	45,758
EV/EBITDA	(J) = (F) / (I)	16.5	125.2	34.8	107.9
적용 여부		적용	적용	적용	적용
적용 EV/EBITDA 거래배수		71.1			

출처: 에코프로머티리얼즈 증권신고서(2023.09.25)

주식 수로 나누면 1주당 적정 주가를 계산해 낼 수 있습니다. 이를 통해 에코프로머티리얼즈라는 회사의 1주당 적정 주가는 5만 3,477원이 계산되었음을 알 수 있습니다.

이제 진짜 마지막입니다. 이렇게 구해진 5만 3,477원에서 평가액

에코프로머티리얼즈 실적에 따른 적정 시가총액 구하기

구분	항목	산식	단위	내용
2023년 반기 연환산 기준	영업이익	(A)	백만원	31,029
	감가상각비	(B)	백만원	27,014
	EBITDA	(C) = (A) + (B)	백만원	58,042
	EV/EBITDA 거래배수	(D)	배	76.0
	기업가치(EV)	(E) = (C) × (D)	백만원	4,411,800
2023년 반기 LTM 기준	영업이익	(E)	백만원	18,914
	감가상각비	(F)	백만원	25,420
	EBITDA	(G) = (E) + (F)	백만원	44,334
	EV/EBITDA 거래배수	(H)	배	71.1
	기업가치(EV)	(I) = (G) × (H)	백만원	3,152,393
기업가치(EV)		(J) = ((E) + (I)) ÷ 2	백만원	3,782,096
이자지급성부채		(K)	백만원	358,700
현금및현금성자산		(L)	백만원	9,932
순차입금		(M) = (K) - (L)	백만원	348,768
비지배지분		(N)	백만원	0
신주모집유입자금		(O)	백만원	524,031
적정 시가총액		(P) = (J) - (M) - (N) + (O)	백만원	3,957,360

출처: 에코프로머티리얼즈 증권신고서(2023.09.25)

적정 시가총액 구해 주당평가가액 구하기

구분	산식	단위	내용
적정 시가총액	(A)	백만원	3,957,360
공모 전 발행주식수	(B)	주	59,525,488
공모주식수	(C) = (D) + (E)	주	14,476,000
신주모집주식수	(D)	주	14,476,000
구주매출주식수	(E)	주	0
공모 후 발행주식수	(F) = (B) + (D)	주	74,001,488
주당 평가가액	(G) = (A) / (F)	원	53,477

출처: 에코프로머티리얼즈 증권신고서(2023.09.25)

대비 할인율을 적용합니다. 이번 에코프로머티리얼즈에서는 최소 14.0%에서 최대 32.3%를 적용했습니다.

이는 최근 5개년간 코스피에 상장한 기업들의 평가액 대비 할인율을 평균 내고 현재의 시장 상황과 산업의 특성, 기존 업체와의 사업구조 비교 등을 종합적으로 판단해 평균 공모 할인율보다 낮게 구해진 것입니다. 이에 의해 희망 공모가 밴드는 3만 6,200원~4만 6,000원으로 결정되었습니다.

물론 이 방식으로 구한 주당 평가금액이 적정하다고 판단하기는 어렵습니다. 앞서 선정한 4개의 비교 기업이 객관적인 방식으로 선정되었을 거라는 보장이 없기 때문입니다. 이는 사실 기업의 가치를 평가하는 모든 상대가치 평가법 PER법, EV/EBITDA법, EV/Sales법, PBR법 등에서 모두 나타나는 현상입니다. 다만 여기서는 이해를 돕기 위해 문제를 모델별 구분 없이 상대평가 방식으로 보았습니다.

이제 희망 공모가 밴드가 정해졌습니다. 여기에서 어떻게 진짜 공

평가액 대비 할인율을 곱해서 희망 공모가액 밴드 구하기	
구분	내용
주당 평가가액	53,477
평가액 대비 할인율	14.0% ~ 32.3%
희망 공모가액 밴드	36,200원 ~ 46,000원
확정 공모가액	-

출처: 에코프로머티리얼즈 증권신고서(2023.09.25)

모가를 확정하게 되는 것일까요? 주관사와 상장을 시도하는 회사는 이 밴드를 기준으로 해 기관 투자자들의 투자심리를 보고 실제 공모가를 결정합니다. 대표적으로 3개의 지표를 봅니다. 이 지표들은 개인 투자자가 공모주에 투자를 하기 위해서 꼭 살펴보아야 하는 지표이기도 합니다. 다음에서 살펴보도록 하겠습니다.

☑ 공모주 투자 시 체크해야 할 3가지

• 기관 투자자 수요 예측 경쟁률

• 신청가격 분포도

• 의무보유확약비율

기관 투자자 수요 예측 및 공모가 결정

주관사는 판매할 주식의 가격을 정하기 위해 기관 투자자들에게 투자 의향을 묻습니다. '우리 이런 기업을 주식시장에 상장할 예정인데 너희라면 얼마의 가격으로, 얼마의 물량을 살래?'라고 묻는 과정입니다.

수요 예측을 통해 자신들의 회사에 관심 가지는 기관들이 얼마나 있는지, 자신들이 정한 가격 밴드가 정말 제대로 된 것인지를 확인할 수 있습니다.

여기서 기관 투자자는 다양한 기관들을 포함하는데요. 우리가 흔히 아는 곳은 국민연금공단, 우정사업본부가 있으며, 금융투자업을 등록한 회사와 집합투자기구, 신탁회사, 부동산신탁업자, 금융투자업자, 외국법령에 의해 설립된 금융투자업, 집합투자기구 등등이 포함됩니다. 말 그대로 개인이 아닌 대형 증권사, 투자사, 신탁사 등등이 포함된다고 보면 됩니다.

기관 투자자들의 수요 예측은 무척 중요한 과정입니다. 투자자들의 투자심리를 파악해 실제 공모가를 결정하는 지표가 되기 때문입니다. 개인투자자의 입장에서도 자세히 살펴봐야 하는 지표로 꼽을 수 있습니다.

기관 투자자 수요 예측 경쟁률

수요 예측 결과는 표로 제공됩니다. 국내 기관 투자자와 해외 기관 투자자를 분리해서 보여 줍니다. 각 기관들이 수요 예측에 참여한 건수와 수량이 나오고 각 경쟁률이 계산되어 있습니다. 중요한 지표는 총합계에 보이는 최종 경쟁률입니다. 투자하겠다는 기관이 사겠다고 제시한 주식의 수량과 실제 기관 투자자에게 배정하는 주식의 개수의 비율이 바로 경쟁률입니다.

전진건설로봇 기관 수요 예측 및 경쟁률

구분	국내 기관 투자자				해외 기관 투자자		합계
	운용사 (집합)	투자매매 · 중개업자	연기금, 운용사 (고유), 은행, 보험	기타	거래 실적 (유)	거래 실적 (무)	
건수	367	23	284	1,246	70	57	2,047
수량	529,150,000	47,857,000	148,398,000	626,632,000	48,176,000	72,714,000	1,472,927,000
경쟁률	321.6	28.3	87.7	370.2	28.5	43.0	870.2

출처: 전진건설로봇 증권신고서

유진테크놀로지 기관 수요 예측 및 경쟁률

구분	국내 기관 투자자				해외 기관 투자자		합계
	운용사 (집합)	투자매매 · 중개업자	연기금, 운용사 (고유), 은행, 보험	기타	거래 실적 (유)	거래 실적 (무)	
건수	908	16	375	522	44	–	1,865
수량	370,632,000	8,142,000	206,118,000	106,304,000	28,241,000	–	719,437,000
경쟁률	470.88	10.34	261.87	135.06	35.88	–	914.02

출처: 유진테크놀로지 증권신고서

LG에너지솔루션 청약 경쟁률

구분	국내 기관 투자자				해외 기관 투자자		합계
	운용사 (집합)	투자매매 · 중개업자	연기금, 운용사 (고유), 은행, 보험	기타	거래 실적 (유)	거래 실적 (무)	
건수	488	39	275	734	276	176	1,988
수량	13,720,481,000	1,047,026,000	7,262,588,000	21,309,884,000	271,963,261	3,684,375,000	47,296,317,261
경쟁률	586.67	44.79	310.70	911.65	11.63	157.62	2,023.37

출처: LG에너지솔루션 증권신고서

이 수치가 높다면 기관들이 이 회사에 가지는 관심이 매우 크다는 증거입니다(주식의 총 개수는 고정이니, 사겠다는 기관이 많으면 경쟁률은 높아짐). 870.2가 높은 수치일까요? 절대 수치로는 알 수 없습니다. 다른 종목을 확인해 봐야 합니다. 또 다른 공모주였던 유진테크놀로지의 경우 914.02를 기록했습니다.

2022년 1월에 공모주 모집을 실시했던 LG에너지솔루션은 무려 2023 대 1의 경쟁률을 보인 이력이 있습니다. 역대급 청약이라고 할 수 있을 정도였고, 우리나라 IPO 시장에서 이정도의 경쟁률이 나온 것은 처음이자 마지막이라고 할 수 있습니다.

이렇듯 기관 투자자들의 수요 예측경쟁률은 무척 중요합니다. 그 수치가 절대적으로 높은지 아닌지 구분하는 것도 중요합니다. 이를 위해서는 다른 유사한 기업들이 상장할 때 얼마의 경쟁률을 가졌는지 기록해 놓는 것이 좋습니다(엑셀에 별도로 기록하는 것을 추천함).

이 경쟁률은 높으면 높을수록 좋습니다. 그러나 수치가 높게 나온다면 개인 투자자들도 더 많은 관심을 가지게 되고, 따라서 개인 투자자들 간의 경쟁률도 높아지게 되니 무조건 높은 게 좋다고 할 수는 없습니다.

신청가격 분포도

각 기관들은 수요 예측 시 이 회사의 주식을 얼마에 살 것인지도 정해서 제출해야 합니다. 에코프로머티리얼즈의 희망 공모가 밴드는 3만 6,200원~4만 4,000원으로 결정되었으니, 기관 투자자들은 이 가격 근방에서 원하는 가격을 제출합니다.

기관들이 좋은 회사라고 판단할수록 더 많은 주식을 배정받기 위해서 더 높은 가격을 써 내게 됩니다. 주관 증권사에서는 더 비싼 가격을 써 낸 기관에 더 많은 주식을 배정해 주기 때문입니다. 따라서 좋은 회사일수록 밴드 상단 가격을 넘어서는 가격을 적어 낸 비율이 높아집니다. 반대로 나쁜 회사라고 생각할수록 밴드 하단을 적어 낸 기관들이 많아지고 심지어는 청약은 하겠지만, 가격은 아직 잘 모르겠다고 적어 내는 가격 미제시 항목도 크게 늘어나게 됩니다.

예시로 들고 있는 에코프로머티리얼즈의 수요 예측 신청가격 분포도를 볼까요?

밴드 상단인 4만 4,000원 이상을 써 낸 기업의 비율은 신청 건수 기준으로 7.9%밖에 되지 않습니다. 신청 수량 기준으로는 45% 수준입니다. 높을까요? 낮을까요? 통상 좋은 기업의 경우 상단을 초과한 비율이 90%를 넘습니다. 왠만하다 싶어도 60%를 넘는 경우가 일반적입니다. 진짜 좋은 기업이라면 밴드 상단보다 한참 위의 가격에 95% 이상이 몰리는 경우도 있습니다. 따라서 이 지표만을 놓고 보면 에코프로머티리얼즈는 투자할 만한 기업이라고 보기는 어렵다는 결론을 내릴 수 있습니다.

역대급 기록을 만들어 냈던 LG에너지솔루션의 신청가격 분포도를 볼까요? 밴드 상단이 30만 원이었으니 모든 기관 투자자가 희망가 밴드 최상단을 넘겨서 신청했음을 알 수 있습니다. 게다가 가격 미제시가 9.48%나 존재하고 있다는 것은 가격에 상관없이 우리 기

기관들이 수요 예측 시 제시한 가격 분포표				
구분	참여 건수 기준		신청 수량 기준	
	참여 건수(건)	비율(%)	신청 수량(주)	비율(%)
44,000원 초과	52	4.6	33,924,000	31.0
44,000원	38	3.3	15,401,000	14.1
36,200원 초과 44,000원 미만	14	1.2	592,000	0.5
36,200원	130	11.4	20,072,000	18.4
36,200원 미만	871	76.3	21,678,000	198
가격 미제시	36	3.2	17,591,000	16.1
합계	1,141	100.0	109,258,000	100.0

출처: 에코프로머티리얼즈 증권신고서

모든 기관 투자자가 밴드 상단에 신청한 LG에너지솔루션				
구분	참여 건수 기준		신청 수량 기준	
	참여 건수(건)	비율(%)	신청 수량(주)	비율(%)
300,000원 초과	794	39.94	22,187,806,980	46.91
300,000원	759	38.18	20,622,866,497	43.60
257,000원 초과 300,000원 미만	–	–	–	–
9257,000원	–	–	–	–
257,000원 미만	–	–	–	–
가격 미제시	435	21.88	4,485,643,784	9.48
합계	1,988	100.00	47,296,317,261	100.00

출처: LG엔솔 증권신고서

관은 무조건 LG엔솔 주식을 받고 싶다는 의사를 표시한 것이나 다름없습니다. 즉 매우 높은 관심도를 보인 것이라고 해석할 수 있습니다.

기관의 경쟁률과 신청가격 분포도를 보았으니 이제 한 가지만 더 확인하면 됩니다. 바로 의무보유확약 비율입니다.

의무보유확약 비율

의무보유확약이란 상장하는 기업의 공모주를 받는 기관들이 일정 기간 동안 주식을 팔지 않겠다고 약속하는 것을 말합니다. 신규 상장하는 주식을 나에게 배정해 주면, 약속한 기간 동안 시장에 주식을 팔지 않을 테니, 많이 배정해 주었으면 좋겠다는 기관의 희망을 표현하는 것입니다. 전체 기관 투자자들의 비율에서 의무보유를 확약한 기관들의 비율을 '의무보유확약 비율'이라고 합니다.

의무보유확약 기간은 15일, 1개월, 3개월, 6개월로 나뉩니다. 주관 증권사는 기관 투자자에게 주식을 배정할 때 가급적이면 확약 기간을 길게 지정한 기관에 배정하는 것을 선호합니다. 그래야 주식이 시장에 상장하고 나서 시장에서 거래되는 물량이 적어질 것이고, 그래야 주식의 가격이 오를 수 있기 때문입니다. 따라서 기관들은 긴 의무보유확약 기간을 약속하면서 더 많은 주식을 받으려고 합니다.

(주)광자전자가 코스피에 상장한다고 했을 때, 공모주 청약에 참여한 기관이 100개라고 합시다. 이 100개 중에 30개는 15일, 20개

는 1개월, 10개는 3개월의 의무보유확약을 걸었다고 합시다. 전체 100개 중 60개의 기업이 확약을 걸었으니 의무보유확약 비율은 60%가 됩니다.

간단히 생각해도 이 비율은 높을수록 좋습니다. 의무보유확약을 건다는 건 그만큼 기업의 주식가격이 오를 것이라고 생각하는 것이기 때문입니다. 따라서 공모주를 볼 때 의무보유확약 비율이 얼마인지 확인하는 것이 중요합니다. 일반적으로 높은 수치라면 개인 투자자에게 유리하며, 낮은 수치일수록 불리하다고 볼 수 있습니다. 만약 이 비율이 30% 이하로 나왔다면 투자에 유의해야 합니다.

실제로 어떤 공모주 청약에서는 총 267개의 기관이 수요 예측에 참여했는데, 주식을 받았을 때 3개월 이후에 팔겠다는 기관이 한 곳, 6개월 이후에 팔겠다는 기관이 한 곳인 경우도 있었습니다. 전체 267곳 중에서 2곳만 팔지 않겠다고 한 것이니 확약비율은 2÷267 =0.74%에 불과합니다. 이 정도면 거의 최악의 경우라고 볼 수 있습니다.

나머지 265개 기업이 공모청약에 참여해서 주식을 배정받으면 상장 첫날 일반인들처럼 시장에 매도할 수 있습니다. 상장 첫날 시장에서의 가격 하락이 예상될 수밖에 없고, 따라서 일반 청약자들이 본 청약에 신청하는 숫자가 줄어들게 됩니다. 증권사나 공모기업 입장에서는 아쉬운 상황일 수밖에 없습니다. 이 종목은 너무 극단적이니 좋은 케이스를 확인해 보겠습니다.

LG에너지솔루션의 경우 총 1,988개의 기관이 수요 예측에 참여

| 구분 | 국내 기관 투자자 | | | | | | | | 해외 기관 투자자 | | | | 합계 | |
| | 운용사(집합) | | 투자매매·중개업자 | | 연기금, 운용사(고유), 은행, 보험 | | 기타 | | 거래 실적(유) | | 거래 실적(무) | | | |
	건수	수량	건수	수량	건수	수량	건수	수량	건수	수량	건수	수량	건수	수량
6개월 확약	–	–	–	–	1	220	–	–	–	–	–	–	1	220
3개월 확약	–	–	–	–	1	111	–	–	–	–	–	–	1	111
1개월 확약	–	–	–	–	–	–	–	–	–	–	–	–	–	–
15일 확약	–	–	–	–	–	–	–	–	–	–	–	–	–	–
미확약	152	4,376	9	41	36	1,022	41	715	18	247	9	1,166	265	7,567
합계	152	4,376	9	41	38	1,353	41	715	18	247	9	1,166	267	7,898

출처: DART., 수량 단위: 천주

해 609개의 기관이 6개월 동안 팔지 않겠다고 확약했습니다. 미확약도 644건에 달하지만 전체적으로 확약한 기관의 숫자가 1,324개이고 비율로는 69%에 달합니다. 이 정도면 정말 좋은 비율입니다.

주식을 받은 기관 10개 중 6개에 달하는 기관이 최소 15일에서 최대 6개월까지 주식을 팔지 않겠다고 약속한 것입니다. 상장공모가는 밴드 최상단으로 정해졌습니다. 상장 당일 LG에너지솔루션의 주가는 당시 '따상'은 실패했지만 의무보유확약 비율 덕분에 꽤나 높은 수준으로 상승해 단숨에 시가총액 2위를 탈환하는 모습을 보이기도 했습니다.

에코프로머티리얼즈는 어떨까요? 6개월 이상 보유하겠다고 한

LG에너지솔루션의 의무보유확약 기관수 및 신청수량

구분	국내 기관 투자자								해외 기관 투자자				합계	
	운용사 (집합)		투자매매 ·중개업자		연기금, 운용사 (고유), 은행, 보험		기타		거래 실적 (유)		거래 실적 (무)			
	건수	수량	건수	수량	건수	수량	건수	수량	건수	수량	건수	수량	건수	수량
6개월 확약	173	4,943,363	17	451,504	103	2,833,565	278	7,829,436	9	19,804	29	359,625	609	16,437,297
3개월 확약	130	3,764,705	13	349,012	82	2,382,725	183	5,366,184	-	-	16	446,450	424	12,309,076
1개월 확약	3	63,775	-	-	5	68,990	16	446,781	12	11,595	-	-	36	591,141
15일 확약	77	2,132,358	2	63,750	38	952,446	116	3,444,861	1	987	21	669,375	255	7,263,777
미확약	105	2,816,280	7	182,760	47	1,024,862	141	4,222,622	254	239,575	110	2,208,925	664	10,695,024
합계	488	13,720,481	39	1,047,026	275	7,262,588	734	21,309,884	276	271,963	176	3,684,375	1,988	47,296,317

출처: LG에너지솔루션 증권신고서, 수량 단위: 천 주

기관은 단 4곳에 불과했습니다. 수량도 49만 4,000주에 불과했습니다. 3개월 확약은 건수는 많았지만 수량은 42만 8,000주밖에 되지 않았네요. 1개월 확약은 9건에 201만 9,000여 주 수준입니다.

이 정도 수치는 굉장히 낮다고 할 수 있습니다. 전체 신청 건수는 1억 900만 건인데 여기서 일정 기간 팔지 않겠다고 확약한 기업은 440만 건에 불과합니다. 비율로 따지면 3.3%입니다. 1억 500만 건에 달하는 물량이 확약되지 않은 상태입니다.

확약된 비율이 적은 경우 어떤 문제가 있을까요? 공모주식은 청약을 마치고 배정을 마치고 나면 실제 주식시장에서 거래될 수 있도록 상장 절차를 거칩니다. 상장 첫날부터 주식을 받은 사람들은

에코프로머티리얼즈 기관 수요 예측

구분	국내 기관 투자자								해외 기관 투자자				합계	
	운용사 (집합)		투자매매 · 중개업자		연기금, 운용사 (고유), 은행, 보험		기타		거래 실적 (유)		거래 실적 (무)			
	건수	수량	건수	수량	건수	수량	건수	수량	건수	수량	건수	수량	건수	수량
6개월 확약	1	159	0	0	1	73	2	262	0	0	0	0	4	494
3개월 확약	21	416	0	0	1	2	1	10	0	0	0	0	23	428
1개월 확약	6	2,013	0	0	0	0	2	2	1	4	0	0	9	2,019
15일 확약	5	676	0	0	0	0	0	0	0	0	0	0	5	676
미확약	495	32,617	16	1,454	150	27,965	327	32,252	49	6,806	63	4,547	1,100	105,641
합계	528	35,881	16	1,454	152	28,040	332	32,526	50	6,810	63	4,547	1,141	109,258

출처: 에코프로머티리얼즈 증권신고서, 수량 단위: 천 주

주식을 사고팔 수 있게 됩니다. 주식을 대규모로 받은 기관들이 존재하는데, 주식을 팔지 않겠다고 약속하지 않았다면 상장 첫날부터 시장에는 대규모의 매도 물량이 풀릴 가능성이 높습니다. 즉 투자자들에게는 악재로 작용할 수 있다는 것이죠. 따라서 공모주 투자에서 의무보유확약 비율은 높으면 높을수록 좋습니다.

이렇게 3가지 지표, 기관들의 경쟁률, 가격분포도, 의무보유확약 비율을 기반으로 공모가가 결정됩니다. 사실 공모가는 회사가 원하는 대로 결정되는 경우가 대부분이며, 이 과정에서 증권사가 적당한 조율을 통해 주식의 완판을 이루는 경우가 대부분입니다.

만약 기관들의 투자심리가 낮다면 어떻게 될까요? 경쟁률이 낮

고, 가격을 물어봐도 희망 공모가보다 낮은 가격이 나오고, 의무보유확약 비율까지 처참한 수준으로 나온다면 어떻게 되는 것일까요?

실제로 이런 경우 회사와 주관사는 협의해 상장을 위한 공모주 청약을 철회할 수도 있습니다. 이런 예는 많이 찾아볼 수 있는데, 가장 최근에는 현대ENG, SK쉴더스, 대명에너지를 예로 들 수 있으며, 2023년 10월에는 서울보증보험이 상장을 철회하는 모습을 보이기도 했습니다.

모두 기관 투자자들의 투자심리가 위축되어 경쟁률이 낮아지고, 원했던 희망 공모가보다 낮은 수준의 가격이 될 수밖에 없는 결과로 인해 상장을 하는 것이 손해라는 결론을 내린 것입니다. 한번 상장했다가 되돌리기는 무척이나 어려우니 더 좋은 결과를 얻을 때까지 상장을 미루는 것입니다.

의무보유확약을 했다고 해서 주식을 받은 기관 투자자가 주식을 팔지 못하는 것은 아닙니다. 이는 보유하겠다는 약속을 한 것이지, 법적으로 규제받는 사항이 아닙니다. 그러나 확약 이후 주식을 매도하는 행위를 '불성실 수요 예측참여행위'라고 해 이런 행위를 한 기관 투자자들에게는 해당 증권사의 공모청약에 수요 예측 참여를 제제합니다. 1억 이하를 위반했을 경우 6개월간 참여를 제한하고 최대 12개월 동안 참여를 제한하는 방식으로 적용됩니다. 여기에 제제금까지 부과되는 경우가 있습니다. 물론 감면·감경 사유가 적용되는 경우가 있기도 합니다.

의무보육확약을 위반했을 때 부과되는 제제

적용 대상	경제적 이익 산정 표준
미청약 · 미납입	의무보유확약을 한 경우: 배정 수량의 공모가격 대비 확약종료일 종가 기준 평가손익×(−1) 의무보유확약을 하지 아니한 경우: 배정 수량의 공모가격 대비 상장일 종가 기준 평가손익×(−1)
의무보유확약 위반	배정받은 주식 중 처분한 주식의 처분손익+미처분 보유 주식의 공모가격 대비 확약종료일 종가 기준 평가손익− 배정받은 주식의 공모가격 대비 확약종료일 종가 기준 평가손익

출처: 에코프로머티리얼즈 증권신고서

의무보유확약을 어겼을 시에 제한 사항

적용 대상	위반 금액		수요 예측 참여 제한 기간
	정의	규모	
미청약 · 미납입	미청약 · 미납입 주식 수×공모가격	1억 원 초과	6개월+1억 원을 초과하는 위반 금액 5,000만 원당 1개월씩 가산(참여 제한 기간 상한: 24개월)
		1억 원 이하	6개월
의무보유확약 위반	의무보유확약 위반 주식 수×공모가격	1억 원 초과	6개월+1억 원을 초과하는 위반 금액 1억 5,000만 원당 1개월씩 가산 (참여 제한 기간 상한: 12개월)
		1억 원 이하	6개월
수요 예측 등 참여 금액의 주금납입능력 초과	배장받은 주식 수 ×공모가격	1억 원 초과	6개월+1억 원을 초과하는 위반 금액 1억 5,000만 원당 1개월씩 가산 (참여 제한 기간 상한: 12개월)
		1억 원 이하	6개월

출처: 에코프로머티리얼즈 증권신고서

공개청약

이렇게 가격이 결정되고 나면 우리사주조합, 기관, 일반 투자자들에게 본 청약을 받습니다. 일반적으로 우리사주조합이 가장 먼저 청약을 받고, 기관 투자자와 개인투자자들이 청약을 진행하게 됩니다. 일반적으로 2일 정도면 모든 청약 일정이 끝나게 됩니다.

본 청약에서 주의해야 하는 것은 무엇일까요? 최소 청약주수와 청약증거금입니다. 이를 이해하기 위해서는 주식을 배정하는 방식인 균등배정과 비례배정에 대해서 이해해야 합니다. 주식을 배정하는 방식이 왜 중요할까요? 주식을 사겠다고 요청하는 사람들이 주식의 숫자보다 많기 때문입니다.

과일가게에 사과가 100개가 있다고 할 때 사과를 원하는 사람이 10명이냐, 50명이냐, 100명이냐, 500명이냐에 따라서 각각이 사 갈 수 있는 사과의 개수를 정하는 방식은 중요합니다. 안 그러면 싸움

증권신고서에서 볼 수 있는 청약 일정			
청약기일	우리사주조합	개시일	2024년 8월 8일
		종료일	2024년 8월 8일
	기관 투자자 (고위험고수익투자신탁 등 포함)	개시일	2024년 8월 8일
		종료일	2024년 8월 9일
	일반 투자자	개시일	2024년 8월 8일
		종료일	2024년 8월 9일

출처: 전진건설로봇 증권신고서

이 날 테니까요.

주식을 배정하는 방식은 균등배정과 비례배정 2가지가 있습니다. 지금은 최소한 50%의 주식은 반드시 균등배정을 통해 배정하도록 되어 있습니다만, 예전에는 공모청약에서 청약증거금을 많이 납부한 순서대로 그 비율만큼 주식을 배정했습니다.

예를 들어 100주를 공모하는 회사에 철수가 100주, 영희가 50주, 민식이가 30주, 호순이가 20주를 신청했다고 합시다. 전체 100주를 200주(100+50+30+20)로 나누어 비율을 구하면 신청 주식 개수당 0.5개의 주식이 배정됩니다. 즉 철수는 50주, 영희는 25주, 민식이는 15주, 호순이는 10주가 배정되는 방식입니다(신청한 물량에 비례해 가져가는 방식).

이 방식의 문제점은 돈 많은 사람이 많은 물량을 가져가게 된다는 것입니다. 즉 철수가 돈이 많아서 10만 주를 청약하게 되면 10만 100(100,000+50+30+20)주가 청약수량이 됩니다. 공모주식 수인 100주를 10만 100주로 나누면 주당 배정주식 수는 0.001주에 불과

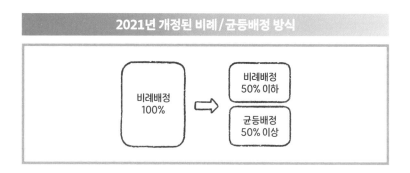

2021년 개정된 비례／균등배정 방식

하게 되고, 철수를 제외한 나머지 청약자는 1주도 못 가져가는 상황이 됩니다.

2021년 1월 이 방식이 문제가 있다고 판단한 금융 당국은 균등배정이라는 방식을 도입해 공모를 진행하는 주식의 50% 이상은 반드시 이 방식으로 배정하게끔 변경했습니다. 그럼 이제 배정방식에 대해 자세히 살펴보겠습니다.

균등배정

균등배정이란 말 그대로 모든 청약자에게 균등하게 주식을 배정하자는 것입니다. 100주를 만들어 판매하는 회사의 청약에 총 5명이 신청했다면, 20주씩(100÷5) 똑같이 모든 사람에게 나누어 주자는 방식입니다.

여기서 중요한 점은 청약자가 몇 주를 신청하든 상관없이 신청한 것만으로 주식을 배정해 준다는 것입니다. 100주를 신청하든, 10만 주를 신청하든 상관없이 신청만 하면, 신청한 사람들 수를 기준으로 주식을 분배해서 지급하게 됩니다.

만약 100주를 만들어 새롭게 판매하는 회사의 청약에 100명이 신청하면 어떻게 될까요? 한 사람당 1주씩 사이좋게 나눠 가지게 됩니다. 아무런 문제가 없습니다. 그런데 100주를 판매하는데, 101명이 신청한다면 어떻게 될까요? 100명은 1주씩 배정받겠지만, 남은 한 명은 1주도 받지 못하게 됩니다. 주식은 1주가 기본 단위이기 때문에, 소수점으로 배정하지 못하기 때문입니다.

만약 100주를 판매하는 회사의 청약에 1,000명이 몰렸다면 어떨까요? 100명은 1주씩 받고 나머지 900명은 0주 배정이 됩니다. 받는 사람과 못 받는 사람을 구분하는 방식은 무엇일까요? 무척 단순하게도 추첨을 통해서 정합니다. 즉 빨리 신청했는지, 몇 주를 신청했는지 등등과는 전혀 관계없이 랜덤으로 100명을 선택해 배정하게 되는 것입니다.

따라서 균등배정 방식을 통해 주식을 받는 것은 순전히 운이 따라야 합니다. 신청만 하면 주는 것이기 때문에 어떤 노력도 필요 없습니다. 그런데 증권신고서를 보면 기본 청약주수라는 게 있습니다. 신청만 하면 주는 것이라면서 왜 기본 청약주수가 정해져 있는 것일까요?

에코프로머티리얼즈는 기본적으로 10주를 신청해야 하고, 100주까지는 10주 단위로 신청할 수 있습니다. 즉 10주, 20주, 30~90주,

에코프로머티리얼즈의 청약주식별 청약단위	
청약주수	청약단위
10주 이상~100주 이하	10주
100주 초과~1,000주 이하	50주
1,000주 초과~10,000주 이하	100주
10,000주 초과~100,000주 이하	500주
100,000주 초과	1,000주

출처: 에코프로머티리얼즈 증권신고서

100주 단위로 신청할 수 있다는 것입니다. 만약 1,000주 이상을 신청한다면 신청단위는 100주로 바뀌게 됩니다 즉 1,000주, 1,100주, 1,200주 순으로 신청할 수 있다는 것입니다.

기본 청약주수는 청약신청을 단순하게 할 수 있게 하고, 주식의 개수보다 신청자의 숫자가 적을 때 주식이 남지 않도록 배정하기 위해 정해졌습니다. 만약 이런 제한이 없다면 1주 신청한 사람, 7주 신청한 사람, 1,282주 신청한 사람, 2만 912주 신청한 사람 등 대중없이 신청할 것이고 이를 처리하기 위해서는 훨씬 복잡하고 다양한 방법들이 동원되어야 할 것입니다. 따라서 이런 문제점을 없애기 위해 기본 청약단위를 만들어야 했습니다. 그리하여 가장 작은 범위에서의 청약단위는 10주가 된 것입니다.

10주를 기본신청 주수로 하기 때문에, 전체 발행한 주식 수의 1/10명의 신청자만 있어도 주식을 모두 배정할 수 있게 됩니다. 그러나 모든 공모주가 10주를 기본 청약주수로 하는 것은 아닙니다.

기본 청약주수가 30주인 디앤디파마텍	
청약주수	청약단위
30주 이상~100주 이하	10주
100주 초과~500주 이하	50주
500주 초과~1,000주 이하	100주
1,000주 초과~10,000주 이하	500주
10,000주 초과	1,000주

디앤디파마텍 증권신고서

공모가가 적은 종목의 경우 더 많은 수량을 기본으로 하는 경우가 있습니다. 50주나 100주를 기본으로 하는 경우도 있게 됩니다. 아래와 같이 디앤디파마텍의 경우에는 최소 청약주수가 30주임을 알 수 있습니다.

비례배정

이제 비례배정을 알아볼 차례입니다. 주식을 배정할 때 50% 이상은 균등배정으로 하고 나머지는 비례배정을 통해서 배정해야 한다고 했습니다. 만약 전체 공모주 수가 1,000주라면 500주는 균등배정으로, 500주는 비례배정으로 배정해야 하는 것입니다.

2만 원짜리 피자를 한 판 시켰다고 했을 때, 철수는 1만 6,000원을, 영희는 4,000원을 냈다고 합시다. 전체 피자 조각이 10조각일 때 낸 돈 대로 나눠 먹으려면 철수는 16,000원/20,000원만큼을 먹을 수 있고, 영희는 4,000원/20,000원만큼을 먹을 수 있습니다. 즉 철수는 전체의 80%를, 영희는 전체의 20%를 먹게 됩니다.

이처럼 비례배정은 신청한 주식 수에 비례해서 배정하는 방식입니다. 전체 청약자가 신청한 주식 수를 모두 더하고, 이 중에서 내가 신청한 주식 수만큼을 배정받게 됩니다.

자료에서 보듯이 전체 비례배정주식 수가 500주이고, 모든 청약 신청자의 신청 주수를 합한 것이 3,700주라면 각 신청자들은 본인이 신청한 주수를 3,700주로 나누어 적용될 비율을 구할 수 있습니

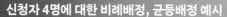

신청자 4명에 대한 비례배정, 균등배정 예시

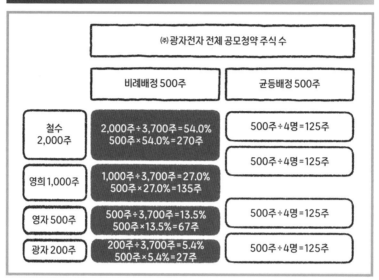

다. 500주에 대해 구해진 비율대로 곱해 보면 본인이 받게 되는 주식 수를 구할 수 있게 됩니다.

가상의 회사인 광자전자를 예시로 볼까요? 철수는 1,000주를 신청해 비례배정에서 270주 그리고 균등배정에서 125주를 받아 전체 395주를 받게 됩니다. 반면 200주를 신청한 광자는 비례배정에서는 27주 그리고 균등배정에서는 125주를 받아 총 152주를 받게 되는 것입니다.

이러한 배정방식을 개인이 계산할 수 있어야 할까요? 그렇지 않습니다. 지속적으로 이야기했듯이 개인 청약자는 청약을 신청하기만 하면 신청자에게 균등배정을, 청약한 주수대로 비례배정을 해 주기 때문입니다. 계산이야 해볼 수 있지만, 사실 몇 명의 신청자가 있는지 알 수 없기 때문에 별로 의미 없는 얘기가 됩니다.

그럼에도 계산과정을 알아야 하는 것은 내가 왜 이러한 주식 수를 받게 되었는지 정도는 알고 있어야 하기 때문입니다. 균등배정만 신청한다는 말이 무슨 말인지 모른 채 돈을 넣는 건 제대로 된 투자라고 할 수 없기 때문입니다(균등배정만 신청할 수 있는 방법은 없음. 청약을 하게 되면 자동으로 균등과 비례가 적용되며, 이는 증권사가 알아서 하는 것이지, 신청하는 사람이 선택하는 것이 아님).

청약증거금

청약이란 내가 주식을 사겠다고 약정하는 것을 말합니다. 이를 위해 일종의 계약금 혹은 보증금을 걸어야 할 필요가 있습니다. 보증금이 없다면 주식을 받겠다고 하고, 배정해 주고 나면 돈을 내지 않는 사람들도 있을 테니까요. 이 보증금을 청약증거금이라고 합니다. 일반적으로 개인 청약자의 경우 증거금으로 공모가의 50%, 즉 절반을 내게끔 되어 있으며, 이 수치를 청약증거금률이라고 합니다.

• 청약증거금: 청약에서 주식을 받기 위해 내야 하는 일종의 보증금

• 청약증거금률: 증거금으로 납부해야 하는 공모가의 일정 비율, 일반적으로 50%

만약 주당 5만 원의 공모주에 청약을 신청한다고 가정해 봅시다. 이 주식의 기본 청약주수가 10주라면 전체 청약금액은 50만 원이지만 증거금률 50%를 적용하면 실제 필요한 금액은 50만 원의 절반인 25만 원입니다. 이것이 청약청약증거금이 되며, 따라서 이 회사의 공모주식에 청약할 때는 최소한 25만 원의 현금이 있어야 합니다.

출처: 미래에셋증권 MTS

일반청약자가 공모주 청약을 위해서는 일단 증권사 계좌를 만들어야 합니다. 그런 다음 공모주에서 요구하는 최소 금액을 계좌로 입금해야 합니다. 이후 해당 증권사 앱을 실행시켜 공모주 청약 메뉴를 찾아 들어갑니다(증권사마다 다를 수 있지만, '공모주'를 검색하면 메뉴를 쉽게 찾을 수 있음).

이후 청약 수량 메뉴를 클릭하면, 내가 입금해 놓은 금액만큼 신청수량이 정해집니다. 공모가가 1주에 2만 6,000원이었던 신성에스티라는 종목을 기본 최소 주수인 10주를 신청하면 13만 원의 청약증거금을 납부하게 됩니다.

최소 청약증거금 = 26,000원x10주x50% = 130,000원

주식의 배정과 환불

균등배정과 비례배정으로 주식을 배정받게 되면 며칠 후 개설한 증권계좌로 주식이 입고됩니다. 배정에 대한 알림은 증권사에서 보내는 배정 완료 문자나 혹은 카카오톡 메시지를 통해서 확인이 가능합니다.

이에 더해 환불도 함께 진행되는데요. 10주를 신청했지만 1주만

배정받은 경우 나머지 9주에 대한 청약증거금은 모두 환불됩니다 (20주를 신청해서 3주를 받았다면 나머지 17주는 환불됨).

예를 들어 1주에 2만 6,000원짜리 주식 10주를 신청하면서 50% 청약증거금 13만 원을 납입한 상태에서 1주만 배정받았다면 2만 6,000원을 뺀 10만 6,000원이 환불됩니다(청약 수수료 2,000원이 더 해서 제외되는 경우도 있음). 만약 청약 신청자가 적어서 1주가 아닌 5주를 받게 되었다면 13만 원(2만 6,000원×5주)이 모두 대금으로 쓰 이게 되니 환불되는 금액은 0원이 됩니다.

그렇다면 5주를 넘어서서 받게 되면 어떻게 될까요? 이럴 때는 증권사에서는 추가 납입 요청이 오게 되며 정해진 기일 안에 납입 을 완료해야 주식을 배정받을 수 있게 됩니다(증권계좌에 필요한 금액 을 입금해 놓아야 함).

공모주 청약대금 납입과 배정이 완료되고 나면 이제 이 회사의 주식은 주식시장에 데뷔해 거래할 수 있는 상태가 됩니다. 이를 상 장Listing 한다고 표현합니다.

1장에서 살펴본 것처럼 우리나라 주식시장은 코스피, 코스닥이 대표적이며, 이 중 하나의 시장에 상장하게 됩니다. 상장이 완료되 면 주식시장에서 거래가 가능하며, 일반 투자자들이 사고팔기가 가 능해집니다.

주식 입고 및 상장

상장일이 되면 배정받은 주식이 해당 증권사의 내 주식계좌에 입고 됩니다. 일반적으로 전 영업일 정도에 계좌에 입고되는 경우가 많으 며 늦어도 상장 당일 오전 8시 이전에는 주식계좌에서 해당 기업의 주식을 볼 수 있습니다.

상장 당일 공모주의 가격 변동폭은 공모가를 기준으로 하한선은 60%, 상한선은 400%까지입니다. 공모가가 8만 3,400원인 주식이 라면 상한선은 33만 3,500원이며, 하한선은 5만 100원이 될 수 있 습니다.

만약 해당 주식이 좋은 주식이어서 매수하려는 사람이 많다면 그 날 400%가 뛴 33만 3,500원에 거래가 되기도 하며, 이럴 경우 배정 받은 주식을 팔았다면 공모가를 제외하고 25만 100원의 수익금을 얻게 됩니다. 공모가 대비 3배의 수익을 얻게 되는 것입니다.

반면 회사에 대한 전망이 좋지 않아서 상장하자마자 가격이 하락 하는 경우도 있습니다. 그렇지만 최저 가격은 5만 100원이며 이럴

HD현대마린솔루션 상장일 변동폭

	성장일 변동폭	주가	수익금
공모가		83,400원	
상한가	400%	333,500원	250,100원
하한가	60%	50,100원	(−)33,300원

때 손실금은 3만 3,300원입니다. 공모가 대비 40%의 손실을 볼 수도 있다는 이야기입니다.

매도

저처럼 공모주 매도에 의한 수익금에 대해 별로 신경 쓰고 싶지 않은 사람들 혹은 9시에 바빠서 지켜보지 못하는 투자자들은 그냥 시초가로 매도하고 나오는 게 가장 좋습니다. 가격 변동이 무척 심할 테니 천 원 단위에 집중할 필요가 없습니다.

시초가 매도 방법

시초가 매도 방법은 간단합니다. 공모주의 하한가인 5만 100원에 매도를 걸어 놓으면 됩니다. 장이 시작하는 9시 전에 증권사 앱에 접속해서 하한가에 매도를 걸어 놓으면 장이 시작함과 동시에 시초

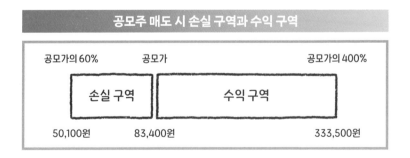

공모주 매도 시 손실 구역과 수익 구역

공모가의 60%	공모가	공모가의 400%
손실 구역	수익 구역	
50,100원	83,400원	333,500원

가에 매도됩니다. 동시호가로 매도해 버리는 방법입니다. 물론 이 방법으로 매도해 버리면 장이 시작된 후 불기둥을 쏘는 경우 아쉬울 수 있습니다. 그러나 9시부터 업무를 해야 하는 직장인이거나 아이를 봐야 하는 주부의 경우 맘 편하게 시초가에 매도해 버리는 게 좋습니다.

5만 100원에 매도해 버리면 8만 3,400원에 받은 공모주가 손해인 것 아닌가 하는 생각을 할 수도 있습니다. 그러나 장이 시작하기 전에 동시호가 매도를 위해 호가를 등록해 놓는 것은 그 가격으로 팔겠다는 것이 아닙니다. 동시호가에서는 정규장이 시작하는 9시 전에 접수된 주문 건들은 모두 모아서 주문한 조건보다 유리한 조건에 체결시킵니다. 그래서 동시호가에 주문을 하면 내가 지정한 가격보다 더 유리한 상태로 체결되거나 아니면 체결이 아예 안 되는 경우 둘 중에 하나입니다.

시프트업이라는 기업의 공모가가 6만 원이었습니다. 이 주식을 받았고 상장 당일 매도하고 싶다면, 그리고 매도하는 데 신경 쓰고

시초가 매도 프로세스

시프트업 공모가
60,000원

장전 동시호가 시간 내
(08:30 ~ 09:00)

➡️

시초가
80,000원 결정

36,000원 매도 주문
(공모가의 60%)

80,000원에
매도 체결

싶지 않다면 최저 가격인 3만 6,000원(공모가의 60%)에 매도 주문을 내놓으면 됩니다. 장이 시작되고 나서 시초가가 얼마로 결정되든 그 시초가에 내 주식은 매도 체결되는 것이죠.

즉 내가 3만 6,000원에 매도를 걸어 놓았다고 하더라도, 시초가 가 얼마인지에 따라 매도 가격이 결정되는 것입니다.

• 시초가 36,000원이면 → 36,000원에 내 주식 매도됨

• 시초가 50,000원이면 → 50,000원에 내 주식 매도됨

• 시초가 60,000원이면 → 60,000원에 내 주식 매도됨

• 시초가 100,00원이면 → 100,000원에 내 주식 매도됨

• 시초가 240,000원이면 → 240,000원에 내 주식 매도됨

간혹 지정가가 아니라 시장가로 매도를 걸면 되는 것 아닌가 하 는 의문을 품는 사람도 있습니다. 그러나 공모주는 오늘 처음 상장 하는 것이므로 시장가라는 것이 없습니다. MTS나 HTS에서 시장가 를 선택하려 해도 선택되지 않는 것이 정상입니다.

시초가 매도 방법의 핵심은 내가 걸어 놓은 가격으로 매도되는 것이 아니라는 것입니다. 시초가가 형성되고 그 시초가가 내가 걸어 놓은 가격보다 높다면 매도가 되는 방식이죠. 내가 걸어 놓은 가격

은 공모주가 떨어질 수 있는 최저 가격이므로 이 방식이라면 매도가 안 될 수 없는 것입니다.

혹시나 공모주의 주가가 계속해서 올라갈 거 같다고 생각하는 투자자들은 8시 59분까지 호가창 보면서 매수호가가 어디까지 올라가나 보면 됩니다. 매수호가가 내가 생각한 것보다 더 높이, 더 많이 쌓인다 싶으면 그냥 동시호가 주문을 취소하고, 장이 시작된 후 호가를 보면서 매도하면 됩니다. 다만 이 방식을 써서 좋은 결과를 얻은 적은 별로 없습니다. 장이 시작된 이후에는 가격 변동이 심하고, 심지어 공모주 매도를 위한 매도 창이 먹통이 되는 경우도 있기 때문에 일을 해야 하는 직장인 투자자라면 시초가 매도로 마무리하는 것을 추천드립니다.

| 청약수수료

일반적으로 온라인 매체를 통해서 청약하는 경우 수수료는 2,000원입니다. 대부분의 증권사는 거의 모두 2,000원의 수수료를 받지만, 간혹 1,500원의 수수료를 받는 곳도 있습니다. 온라인 매체란 HTS나 MTS, ARS를 통한 청약 신청이 해당됩니다. 이외 영업점에서의 신청, 영업점 유선신청, 고객센터 상담원 연결을 통한 신청 시에는 5,000원의 수수료가 부과됩니다.

삼성증권의 수수료 체계를 보면, 일정 등급 이상인 경우 모든 청약에 있어 수수료가 무료인 경우도 있으나, 일반적으로 2,000원 정도라고 생각하면 좋겠습니다.

청약 수수료는 청약만 하면 내야 하는 것일까요? 그렇지 않습니다. 일반적으로 온라인으로 청약하면 청약 당시에 수수료가 부과되지 않으며 청약금을 환불하는 시점에 부과됩니다.

또한 공모주 배정에 실패해 1주도 배정받지 못했다면 수수료가 부과되지 않습니다. 즉 균등배정과 비례배정을 다 더해도 0주 배정이 되었다면 청약하기 위해 넣었던 증거금 전액을 수수료 제외 없이 그대로 돌려받는다는 것입니다. 30만 원을 청약증거금으로 넣었다면 30만 원이 그대로 환불됩니다. 그러니 배정되지 않으면 수수료만 내야 하는 것 아닌가 하는 고민은 하지 않아도 좋습니다.

삼성증권의 청약 수수료 체계

부가수수료

구분		Honors 이상	우대	일반
국내주식 타사대체(종목 건당)		면제	면제	2,000원
해외주식 타사대체(종목 건당)	지점	면제	면제	2,000원
주식현물출고(종목 건당)		면제	10,000원	20,000원
질권설정		면제	면제	5,000원
보호예수		면제	면제	5,000원
공모주 청약	지점	면제	5,000원	5,000원
	온라인	면제	면제	2,000원 · 단 청약 미배정시 면제
통장/카드 재발급		면제	면제	2,000원
OTP	토큰형	면제	3,000원	6,000원
	카드형	면제	5,000원	10,000원

출처: 삼성증권 홈페이지

모든 공모주 투자는
성공할까?

공모가를 정하는 방식에서 봤듯이 비슷한 사업을 하는 기업들의 주가와 시가총액을 기준으로 공모청약하는 회사의 가치와 주식의 가격을 정하게 됩니다. 그러나 이 가격은 시장가보다는 낮게 책정되는 경우가 대부분입니다. 그렇지 않으면 기관이나 개인 투자자들이 공모청약을 할 필요 없이 그냥 상장된 이후 시장에서 살 것이기 때문입니다.

애초에 가치에 비해 낮게 책정된 가격으로 인해, 상장 당일 배정을 받지 못한 투자자들이 주식을 사기 위해 몰려들게 됩니다. 따라서 상장 첫날에는 공모주의 가격이 상승하는 것이 일반적이며, 그 상승폭이 매우 크기도 합니다.

ㅣ '따상'과 '따따블'

이전에는 상장 당일의 상승폭이 200%로 제한되었습니다. 공모가가 2만 원이었다면 상장 당일 올라갈 수 있는 가장 높은 시초가는 4만 원이었다는 것이죠. 여기에 우리나라 주식시장의 특성상 가격 상한 폭이 30%로 정해져 있습니다. 4만 원의 130%인 5만 2,000원이 상장 첫날 오를 수 있는 가장 높은 가격이 됩니다. 2배를 넘어 상한가를 가는 것을 일명 '따상(더블 상한가)'이라고 합니다.

현재는 이 제도가 좀 더 넓은 폭을 가지게 되었습니다. 기존

200%에 30% 상한가를 적용해 총 260%의 가격제한폭을 가졌었다면 이제는 총 400%의 가격제한폭을 가지게 변경되었습니다. 일명 '따따블'입니다. 만약 공모가가 2만 원이었다면 상한폭이 8만 원까지로 크게 넓어진 것이죠.

제도가 변경된 이후 400% 상한폭을 터치한 종목은 없었지만, 공모주 투자자가 대부분 단기간에 수익을 내기 위해 노력한다는 점에서 상장 첫날 가격제한폭의 변경은 꽤 큰 의미가 있다고 생각합니다. 만약 첫날 400%의 상승을 했다면 공모가 대비 300%의 수익률을 볼 수 있게 됩니다. 약 2주간 투자해 이 정도의 수익을 올릴 수 있는 수단이 많지 않다 보니, 공모주 투자로 몰리는 초보자들이 많은 것도 사실입니다.

그러나 모든 공모주 투자가 반드시 성공을 보장하는 것은 아닙니다. 당연하게도, 실적이 나쁘거나 업황이 나빠지는 회사의 경우는 공모주 투자가 좋은 결과를 내지 못하는 경우도 많습니다. 기업을 평가할 때만 해도 업황이 좋아서 공모가가 높게 나왔지만, 실제 공모청약을 할 때 되니 업황이 악화되어 투자자들의 심리가 얼어붙게 된 경우도 있습니다. 당연히 기관 투자자들의 수요 예측 결과가 안 좋게 나오고, 개인 투자자들도 투자를 꺼리게 되어 상장 첫날에 상한가는커녕 본전도 못 찾는 경우가 발생하기도 합니다.

더 심한 경우도 있습니다. 기업을 평가해 공모가를 확정 짓는 곳은 주관사가 되는 증권사입니다. 이 증권사와 회사가 회사의 실적이

나빠지는 것을 숨긴 상태에서 공모청약을 받고, 원래의 기관 투자자들은 실적 발표 이전에 주식을 팔아 치우는 경우도 있습니다.

아직 실적 발표 전이니 주가는 상장 때의 그 가격을 유지하고 있을 것이고 기관이 팔아치운 주식은 일반 투자자들이 매입했을 것입니다. 회사의 실적이 발표되고, 예상보다 훨씬 밑도는 매출과 적자 폭에 놀란 투자자들이 주식을 싼 가격에 내놓아 결국 주가가 폭락한 케이스도 있습니다.

이런 케이스의 대표적인 회사 중 하나가 바로 파두입니다. 반도체 관련주로 상장한 이 회사의 주가는 3개월 만에 최고가 4만 7,100원에서 1만 6,250원으로 급격히 하락했습니다. 2023년 2분기 실적이 IPO 당시 예상했던 것보다 훨씬 나쁘게 나왔기 때문입니다. 이 회사의 2분기 예상 매출이 5,900만 원에 불과했기 때문입니다. 물론 회사의 실적이 나쁜 것은 어쩔 수 없는 일이지만, 이를 숨기고 기업 평가를 하고 공모투자를 받았다는 점에서 비난을 받을 만합니다.

이 회사는 실적이 좋지 않더라도, 좋은 기술력을 가지고 있어 자금이 투입된다면 더 좋은 실적을 낼 수 있을 것이라고 예상되어 특별한 케이스로 상장할 수 있는 이른바 '기술특례상장' 대상기업이었습니다. 보통 인공지능, 클라우드, 빅데이터, 바이오제약 등과 같은 사업을 영위하는 기업에 자주 적용되는 제도입니다. 코스닥이나 코스피에 상장할 자격요건이 되지 않음에도 불구하고 기술력을 검증한 뒤 상장 기회를 주는 제도입니다.

출처: 네이버페이 증권

　　공모주 투자에서 가장 잘 지켜봐야 할 요소 3가지를 잊지 말고, 모든 투자 전에는 반드시 기업보고서를 읽고 눈으로 직접 숫자를 확인하는 과정을 거쳐야 합니다. 아무리 5만~10만 원밖에 하지 않는 주식이라고 하더라도 투자금은 소중한 내 돈이기 때문입니다.

일반적으로 주식투자를 할 때 하나의 주식에 몰빵하는 경우는 거의 없습니다. 이른바 분산투자라 해 여러 개의 종목 혹은 여러 산업군, 나아가 다양한 상품군에 나누어 투자하게 됩니다. 이는 하나의 주식에 투자하게 될 경우 발생할 수 있는 변동성을 줄이고, 성격이 서로 다른 종목들이 서로의 가격 변동을 상쇄해 안정적인 투자가 가능하도록 하기 위함입니다.

그러나 평범한 개인 투자자가 다수의 주식 종목을 선별하고 투자하며, 이를 관리하는 것은 쉽지 않습니다. 이런 문제를 해결하기 위해 가장 좋은 방법은 여러 개의 종목을 합쳐서 거래할 수 있게끔 만들어 놓은 ETF라는 상품에 투자하는 것입니다.

5부

처음
시작하기 좋은
ETF 투자

ETF란 무엇일까?

다수의 종목을 하나의 바구니에 담아 적절하게 나눈 뒤 주식시장에서 거래할 수 있게 상장해 놓은 ETF는 저렴한 가격으로 다양한 상품에 투자해 리스크를 방어할 수 있는 상품입니다. 주식뿐 아니라 환율이나 금리, 채권, 원자재 등 정말 다양한 상품이 ETF로 만들어져 거래되고 있습니다. 개별 주식투자에 어려움이 있다면 ETF를 투자에 적극 활용하는 것이 좋습니다.

사실 ETF는 펀드의 장점을 취하고, 펀드의 단점을 해결한 상품입니다. ETF에 대해 제대로 이해하기 위해 우선 ETF의 시작인 펀드에 대해 살펴보도록 하겠습니다.

| 펀드

펀드란 주식투자가 어려운 사람들을 위해 펀드매니저가 직접 종목을 선별해 한 바구니에 담아낸 하나의 금융상품으로, 여러 사람들에게서 투자금을 받아 투자를 진행해 수익금을 나누어 가지는 투자방식입니다. 공동투자로 자금을 모아서 전문가에게 운영을 위탁한 이후 여기서 나오는 수익을 나누어 갖는 간접투자의 형태입니다.

펀드의 이점은 소액투자가 가능하다는 점입니다. 혼자라면 엄두를 내지 못했을 투자 대상에 대해서도 펀드를 통해서라면 적은 자금을 통해 투자가 가능합니다. 분산투자가 가능하다는 점도 펀드의 특징 중 하나입니다. 주식의 경우 삼성전자면 삼성전자라는 주식 종목에 대해서만 투자할 수 있고, 현대차라면 현대차 주식 한 종류에만 투자가 가능합니다. 여러 종목을 사려면 각 종목의 주식의 가격만큼 자본이 있어야 하지만, 펀드는 적은 금액으로도 투자 대상이 되는 자산군, 즉 여러 종목에 대해 투자가 가능하게 됩니다.

이처럼 펀드는 이점이 많은 투자방식이지만 몇 가지 치명적인 단점이 있습니다. 바로 투자에 사용되는 수수료가 높다는 점과 빠른 환매가 불가능하다는 점입니다. 개인 투자자의 입장에서 펀드에 투자하기 위해서는 운용수수료, 판매수수료, 환매수수료, 보관수수료 등을 내야 합니다. 운용사는 투자금을 모아 이를 대신 운용해 수익을 내게 되는데, 이때 운용사에 지급해야 하는 수수료를 운용수수료라고 합니다. 자금을 운용하는 데 대한 수수료입니다. 보통 투자금의 0.5~2%를 떼어 갑니다.

판매수수료 역시 부담이 됩니다. 실제 펀드를 가입해 본 투자자들은 아시겠지만, 판매수수료를 고려하지 않고 펀드에 가입했다가 수익률을 크게 까먹는 상황에 놀라기도 합니다. 저도 한때 유행했던 차이나펀드, 브라질펀드 등에 투자했는데, 투자하자마자 떼어 가는 선취 수수료로 인해서 손실부터 보고 시작했던 씁쓸한 기억이 있습니다. 통상 0.5~1.5%의 수수료를 떼어 갑니다.

환매가 느린 점도 단점이라고 할 수 있습니다. 주식을 투자하던 사람이 펀드시장으로 넘어오면 도대체 느릿느릿한 펀드 환매 속도에 혀를 내두를 정도입니다. 펀드를 매도하고 실제 매도 자금을 돌려 받기까지 최장 12일이 걸리기도 합니다. 그만큼 자금의 회전이 어렵기 때문에 시장의 변화에 대응하는 속도가 떨어질 수밖에 없습니다.

물론 이러한 느릿한 환매 속도가 오히려 장점이라고 생각하는 사람도 있습니다. 환매가 느리다 보니, 장기 투자가 더 가능해진다는 논리입니다. 그러나 환매가 느려야만 장기투자가 가능한 것은 아니기 때문에 일견 그럴듯해 보이는 논리이지만 사실은 적절성은 떨어진다고 생각됩니다.

환매가 느리고, 수수료가 비싸다는 펀드의 단점을 해결할 수 있는 방법은 없을까요? 이런 단점을 해결하고자 만들어진 상품이 바로 ETF입니다.

| ETF

ETF는 펀드의 장점을 취하고, 단점을 해결한 상품입니다. ETF는 지수를 따라 움직이는 인덱스 펀드를 시장에서 거래할 수 있도록 거래소에 상장시켜 투자자들이 쉽게 투자할 수 있게 만든 또 하나의 금융상품입니다. 영문 Exchange Traded Fund의 약자로서, 시장에서 실시간 거래가 가능한 펀드라는 의미입니다.

일반 주식을 사면 되는 것을 왜 ETF라는 불편한 장치를 만들었을까요? 여러 가지 이유가 있겠지만, 가장 큰 이유는 개별 주식가격에 의한 변동성을 줄이기 위함이 가장 큰 이유입니다.

ETF는 펀드가 가지는 장점을 그대로 흡수한 채, 주식시장에서 주식처럼 거래가 가능하도록 만들었습니다. 펀드는 펀드매니저가 직접 투자할 종목을 선별해 하나의 바구니에 담아 이를 판매한 상품입니다. 따라서 다양한 종목이나 지수를 추종할 수 있고, 이는 곧 개별 종목의 가격 변동성으로부터 빠르게 대응할 수 있다는 장점을 만들어 낼 수 있습니다.

또한 주식투자 초보자가 가지는 가장 큰 문제점인 '어떤 기업에 투자해야 하는지'를 해소할 수 있다는 장점도 있습니다. 어떤 종목이 좋은 것인지, 좋은 종목끼리의 투자 비율은 어떤식으로 해야 하는지, 투자한 기업이 제대로 사업을 하고 있는지, 이 모든 것들을 개인이 파악하고 추적하고 대응하는 것은 무척이나 어렵습니다. ETF는 이러한 어려움을 해결해 줄 수 있는 투자도구라고 할 수 있습니다.

또한 ETF는 펀드의 아주아주 느린 자금 회전속도를 빠르게 바꿔주기도 합니다. 펀드에 투자해 본 경험이 있다면 펀드를 환매(매도)하고 환매대금을 받는 데는 최장 12영업일이 걸리는 것을 경험해보았을 것입니다. 펀드를 매도하고, 기준가를 결정하고, 매도 금액이 입금되는 데까지 걸리는 시간입니다. 반면 ETF는 매도 버튼을 누르자마자 판매가 완료되고, 판매대금은 즉시 계좌로 입금됩니다. 자금

KODEX 반도체 ETF 투자구성종목

CU당 구성종목		[기준:24.08.16]	CU당 구성종목 TOP 10
구성종목명	주식수(계약수)	구성비중(%)	
SK하이닉스	2,744	28.59	
삼성전자	4,551	19.04	
한미반도체	1,492	9.94	
리노공업	346	4.01	
이오테크닉스	293	2.67	
HPSP	1,624	2.49	
DB하이텍	1,087	2.47	

* CU : 설정단위(Creation unit)
* 구성비중이 없는 경우 주식수로 정렬됨

원익IPS(2.24%)
DB하이텍(2.47%)
HPSP(2.49%)
이오테크닉스(2.67%)
리노공업(4.01%)
한미반도체(9.94%)
삼성전자(19.049%)
SK하이닉스(28.59%)

출처: 네이버페이 증권

회전력이 빨라질 수 있습니다.

ETF는 투자금이 적은 투자자도 다양한 기업에 동시에 투자할 수 있도록 해 주는 특징도 있습니다. 현대차의 주식을 1주 사려면 25만 500원이 필요하지만, 현대차를 포함한 국내ETF 중 하나인 KODEX 자동차(091180)의 경우 2만 520원만 있다면 1주를 살 수 있습니다.

이렇듯 상대적으로 적은 투자금으로 주식투자를 시작할 수 있기 때문에 초보자들에게 ETF는 더 매력적인 수단이 됩니다.

출처: 네이버페이 증권

출처: 네이버페이 증권

ETF의 종류

국내에 출시된 ETF의 개수는 780여 개를 넘어섰다고 합니다(2023년 11월 18일 기준). 국내 주식지수에 투자하는 종목부터 특정 테마에 투자하는 종목 (AI, 로봇, 반도체, 바이오 등) 등 다양한 종목에 투자하는 ETF도 나타나고 있습니다. 삼성이나 포스코 같은 대형 그룹의 종목만 골라 담은 ETF도 출시되었습니다.

| ETF 상품명의 구조

ETF는 출시해 운용하는 운용사에 따라 이름이 붙게 됩니다. 우리나라의 대표 펀드운용사는 삼성자산운용-KODEX, 미래에셋자산운용-TIGER, KB자산운용-KBSTAR, 한국투자신탁운용-ACE 등등입니다. 한화자산운용-ARIRANG, 키움투자자산운용-KOSEF, 신한자산운용-SOL 등도 있습니다.

　미래에셋자산운용의 상품 목록중 일부를 보면 어떤 방식으로 이름이 정해지는지 알 수 있습니다. 국내 주식뿐 아니라, 채권, 통화 등 등 다양한 상품을 기초자산으로 ETF 상품군이 만들어지는 것도 알 수 있죠.

　ETF는 어떤 자산에 대해 투자하고 있는가 그리고 어떤 국가에 대해 투자하고 있는가에 따라 종류가 달라진다고 할 수 있습니다. 또한 분배금(주식의 배당금과 동일한 개념)을 지급하는 ETF인지 아닌지도 매우 중요한 요소입니다.

예를 들어 TIGER 코스피 ETF 종목은 미래에셋자산운용에서 운용하는 국내 코스피 지수를 따라가는 종목이라고 생각할 수 있습니다. 반면 TIGER 미국필라델피아반도체 ETF는 동일한 미래에셋자산운용에서 운용하지만, 미국의 반도체 종합지수인 필라델피아반도체 지수를 따라 가격이 변동하는 종목이라고 볼 수 있습니다.

삼성자산운용의 KODEX 200은 국내 주요 증시 지수인 코스피 200 지수를 따라가도록 만들어진 ETF입니다. 코스피의 200개 시가총액 상위 종목들의 가격 변화를 반영하게끔 만들어졌죠. 반면 KO-

국내 주식시장에 상장된 다양한 ETF 목록

전체	국내 시장지수	국내 업종/테마	국내 파생	해외 주식	원자재	채권	기타
종목명	현재가	전일비	등락률	NAV	3개월수익률	거래량	거래대금(백만)	시가총액(억)
TIGER CD금리투자KIS(합성)	53,345	▲ 10	+0.02%	53,345	+0.95%	119,242	6,361	70,662
KODEX KOFR금리액티브(합성)	33,300	▼ 170	-0.51%	33,331	+1.19%	1,637,168	121,228	65,301
KODEX KOFR금리액티브(합성)	104,910	▲ 15	+0.01%	104,908	+0.93%	29,997	3,146	39,493
KODEX CD금리액티브(합성)	1,017,800	▲ 125	+0.01%	1,017,795	+0.95%	206,943	210,636	37,377
TIGER KOFR금리액티브(합성)	103,460	▲ 30	+0.03%	103,463	+0.91%	7,262	751	32,957
KODEX 종합채권(AA-이상)액	106,255	▲ 210	+0.20%	106,269	+1.39%	19,321	2,055	27,948
TIGER 200	33,345	▲ 185	+0.59%	33,371	+1.29%	870,844	29,054	25,159
TIGER 미국나스닥100	91,680	▲ 105	+0.11%	91,719	+2.02%	77,713	7,109	24,516
KODEX 레버리지	15,915	▼ 190	-1.18%	16,023	+0.41%	11,492,000	183,405	23,976
TIGER 차이나전기차SOLACTIVE	8,225	▲ 20	+0.24%	8,248	-15.00%	1,910,610	15,608	21,020
TIGER 미국S&P500	14,625	▲ 35	+0.24%	14,619	-1.30%	1,083,446	15,805	20,197
KODEX 200TR	11,410	▼ 65	-0.57%	11,420	-1.24%	120,382	1,374	19,922
TIGER 미국테크TOP10 INDXX	14,510	▼ 60	-0.42%	14,514	-5.09%	623,332	9,026	16,905
KODEX 24-12 은행채(AA+이상)	10,075	▲ 5	+0.05%	10,073	N/A	63,609	640	15,615
TIGER 미국필라델피아반도체	12,745	▼ 45	-0.35%	12,842	+1.77%	606,798	7,720	15,294
KBSTAR 머니마켓액티브	51,125	▲ 10	+0.02%	51,118	+1.09%	98,015	5,010	14,886
TIGER TOP10	10,975	▼ 75	-0.68%	10,986	-0.56%	156,266	1,715	14,789
KODEX 200선물인버스2X	2,615	▲ 35	+1.36%	2,608	-3.01%	95,631,679	248,986	13,922
KBSTAR 200	33,510	▼ 175	-0.52%	33,543	-1.18%	481,554	16,134	12,516
KODEX 단기채권PLUS	108,385	▲ 30	+0.03%	108,390	+0.84%	6,635	719	12,244

출처: 네이버페이 증권

DEX 단기채권PLUS ETF는 주식이 아닌 국채나 회사채 같은 채권 가격 변동을 따라가게끔 설계된 종목입니다. 다양한 채권을 비중별로 담아 만든 지수를 따라 가격이 변동하게끔 설계해, 실제 주식가격이 아닌 채권 가격에 의해 ETF의 가격도 변하게 만드는 것입니다.

ETF는 주식이나 채권 등 다양한 종목의 가격 변동을 추종할 수 있는 것은 바로 이런 이유 때문입니다. 추종하는 인덱스가 어떤 상품들로 설계된 것인지에 따라 ETF는 정말 다양한 상품군에 투자하게 됩니다. 주식이나 채권은 기본이며, 은이나 구리 같은 금속 원자재, 콩을 포함한 농산물의 가격 변동을 추종하도록 만들어지기도 합니다. 달러, 원유, 골드 같은 원자재는 물론이요, 최근에는 탄소배출

원자재 및 통화 ETF 목록

Kodex 구리선물(H)	8,739 157	~	6.58	13.73	30.40	30.97	32.67	3.88	26.96	-12.18	♡ ∨
Kodex 유럽탄소배출권선물ICE(H)	11,108 555	—	6.33	3.93	36.50	-5.95	-19.23	-	-5.48	9.59	♡ ∨
Kodex 골드선물(H)	15,158 1,622	~	4.07	1.84	18.97	20.65	19.29	18.37	15.10	51.68	♡ ∨
Kodex 콩선물(H)	13,333 67	~	2.30	8.57	4.21	-11.39	1.68	4.82	-7.13	32.53	♡ ∨
Kodex WTI원유선물(H)	15,375 650	✓	0.94	-2.70	5.55	4.52	17.31	65.34	10.01	-23.16	♡ ∨
Kodex 3대농산물선물(H)	10,310 189	✓	-0.22	11.10	7.21	-4.07	-5.32	-10.54	-3.62	3.15	♡ ∨
Kodex 미국달러선물	13,012 588	✓	-0.43	-1.13	3.23	8.14	7.72	30.18	7.70	29.41	♡ ∨

출처: 삼성자산운용 홈페이지

권 같은 시장에서 거래가 가능한 상품의 지수를 추종하는 ETF도 다수 등장하고 있습니다.

중국의 전기차 관련 종목들을 포함하고 투자하는 종목인 TIGER 차이나전기차SOLACTIVE라는 종목도 있습니다. 미국의 S&P500 지수를 추종하는 종목도 존재합니다. 은행채를 추종하거나, CD금리를 추종하는 종목도 있습니다. 종목의 다양성이 다양한 테마 ETF들을 만들어 내는 것입니다.

따라서 ETF에 투자할 때는 해당 ETF가 어떤 종목을 포함하고 있는지를 가장 우선 확인해야 하며, 이 종목들이 국내 증시에 상장된 것인지, 혹은 해외증시에 상장된 것인지도 확인해야 합니다. 이것을 확인하는 가장 좋은 방법은 ETF를 만들고 운영하는 운용사의 홈페이지를 보는 것입니다.

ETF의 종류

ETF는 추종하는 기초자산에 따라 다양한 종류가 있습니다. ETF의 대다수를 차지하는 인덱스 ETF는 시장의 지수를 추종하는 상품입니다. 코스피나 코스닥, 미국의 S&P500이나 나스닥에 포함된 주식을 보유하거나 혹은 그 일부 주식을 보유하면서 성과를 추적해 가격이 결정되죠.

귀금속이나 밀, 구리, 돼지고기 같은 원자재에 투자하는 ETF도 존재합니다. 국채나 미국채권 등에 투자하는 ETF도 있으며, 환율이나 금리에 연동되어 가격이 결정되는 ETF도 존재합니다. 이외에도 특정 산업군에 투자하거나 규모가 비슷한 기업, 비슷한 배당성향을 가진 기업, 성장성이 유사한 기업 등을 모아서 주식을 보유하고, 이 주식들의 가격 변동을 추종해 가격이 결정되는 ETF도 존재하죠.

추종하는 지수의 변화량을 2배, 3배로 추종해 가격이 변동되는 ETF인 레버리지 ETF도 존재합니다. 추종하는 지수가 1% 변동하면 2배 레버리지는 2%가 변동하고, 3배 레버리지는 3%가 변하는 방식으로 가격이 결정됩니다. 지수의 변동을 역으로 추종하는 인버스 레버리지 ETF 상품도 있습니다.

ETF는 이렇듯 다양한 상품이 존재하는데, 각각의 특징을 간단히 알아보도록 하겠습니다.

지수형 ETF

특정 시장 전체를 추종하는 ETF를 지수형 ETF라고 합니다. 코스피나 코스닥에 포함된 주식 전부를 포함해 가격을 추종하거나, 미국의 S&P500 지수 혹은 나스닥, NYSE 지수 전체를 추종하는 ETF가 바로 지수형 ETF입니다. 대표적인 예로 KODEX 200을 들 수 있는데, KOSPI 200 지수에 편입되어 있는 종목들에 시가총액 비중만큼 투자해서 코스피 전체 수익률을 따라가도록 설계되었습니다.

• KOSPI 200: 한국 코스피를 대표하는 200개 종목을 선정해 시가총액만

큼 가중치를 부여해 지수화한 것

지수형 ETF에는 KODEX 200, TIGER 코스닥 150 등이 있습니다. TIGER 미국나스닥 100과 같이 미국 나스닥 시장에 투자하는 상품 도 지수형 ETF라고 볼 수 있습니다. 국내 시장뿐 아니라 미국에서 도 지수형 ETF는 큰 인기입니다. 미국 S&P500 지수를 추종하는 SPY ETF나 나스닥 지수를 추종하는 QQQ 같은 상품의 경우 국내 투자자들에게도 큰 인기를 끌고 있습니다.

섹터(테마)형 ETF

지수 전체가 아닌, 특정 산업군의 종목들을 묶어 투자하는 ETF를 섹터 혹은 테마형 ETF라고 합니다. 예를 들어 반도체 관련 기업들 을 묶어 투자하는 'KODEX 반도체' ETF가 있습니다. 자동차 산업 에 속해 있는 기업들에 투자하는 KODEX 자동차, 금융주에 투자하 는 KODEX 은행 같은 상품들이 여기에 해당합니다.

섹터형 ETF는 만들기 나름이라서 정말 다양한 상품군들이 출시 됩니다. 2차전지에 관련된 기업들만 모아서 투자하는 TIGER 2차전 지 테마 ETF, 반도체 중에서도 AI 관련 반도체 섹터를 집중적으로

투자하는 TIGER AI반도체핵심공정 ETF도 있습니다. 전세계적으로 열풍을 일으키고 있는 비만치료제 관련 기업들을 묶어서 투자하는 TIGER 글로벌비만치료제TOP2 Plus ETF도 있습니다.

채권 ETF

채권은 발행처에 돈을 빌려주고 이자를 받으면서 유지하다가 만기에 원금을 돌려받는 상품입니다. 상대적으로 안정적인 수익이 되기 때문에 오히려 주식보다 더 많은 투자자들이 선택하는 상품이죠. 국가에서 발행하는 국채, 공기업에서 발행하는 공채, 사기업에서 발행하는 회사채 등 다양한 종류의 채권이 있습니다.

이런 채권을 기초상품으로 해 만들어진 것이 채권 ETF입니다. 채

국내단기채권에 투자하는 KODEX 단기채권의 주가

출처: 네이버페이 증권

권을 기반으로 하기 때문에 가격 변동이 크지 않고 시간이 갈수록 가격이 상승하는 모습을 보이는 것이 특징입니다. 특히 국고채(대한 민국이 발행) 혹은 통안채(한국은행이 발행)에 투자하는 채권 ETF의 경우 극단적인 안정성을 보여 주기도 합니다. 대한민국이 망하는 정도가 되야 국고채 ETF의 안정성이 무너지게 될 테니까요.

채권을 기반으로 하기 때문에 채권에서 지급하는 이자를 분배금으로 지급하기도 합니다. 다만, 모든 채권 ETF가 분배금을 지급하지는 않으며, 일부는 재투자를 통해 복리 효과를 누리기도 합니다.

원자재 ETF

원유, 금, 은, 구리, 콩, 옥수수 등 원자재나 원자재 선물에 투자하는 ETF도 있습니다. 심지어 환율이나 금리 나아가 돼지고기 같은 우리가 상상하기 어려운 상품의 선물에 투자하는 ETF들도 있죠. KODEX 골드선물(H), TIGER 구리실물 등의 상품이 원자재 ETF의 한 종류입니다.

원자재 ETF들은 일반적으로 현물이 아닌 선물을 기초로 한 파생상품의 일종이기 때문에 가격 변동성이 매우 클 수 있습니다. 또한 선물은 현물가격에 더해 보관비용+월물변경에 따른 롤오버 비용까지 더해져 현물보다 가격이 비싸다는 단점도 있습니다.

기타 ETF

이외에도 부동산이나 리츠에 투자하는 ETF나 달러 등의 통화에 투자하는 ETF 등 다양한 종류의 상품들이 있습니다. 리츠란 부동산에 투자해 임차인에게 받은 임대료를 주주에게 분배하는 방식으로 운용되는 배당주이며, 리츠 ETF는 이런 리츠 관련 종목들을 여러개 투자하는 방식으로 구성된 ETF 상품입니다. Tiger 리츠부동산인프라 ETF 같은 상품이 대표적입니다.

출처: 네이버페이 증권

ETF의 정보 확인하기

ETF에 투자하기 위해 확인해야 하는 정보는 그리 많지 않습니다. 개별 기업의 실적과 정보를 모두 확인해서 해야 하는 개별 투자와는 다르게, 운용사에서 이미 투자 대상이 될 기업을 선별하고, 이들을 어떤 비율로 포함시킬지를 미리 정해 놓았기 때문입니다.

투자자는 ETF가 어떤 인덱스를 추종하고 있으며, 어떤 테마를 가졌는지, 어떤 종목들을 포함하고 있는지를 확인한 이후, 수수료와 수익률 그리고 세금 관련 문제를 확인하면 됩니다.

가장 먼저 ETF가 어떤 인덱스를 추종하고 있는지, 테마는 무엇인지를 확인하는 방법을 알아보도록 하겠습니다.

┃ 추종 인덱스

특정 운용사의 ETF들이 어떤 인덱스를 추종하는지에 대한 목록은 해당 운용사의 홈페이지에서 확인할 수 있습니다. 삼성자산운용의 홈페이지 화면에 나타난 ETF들의 목록을 살펴봅시다. 첫 번째는 KODEX 미국반도체MV, 두 번째는 KODEX 미국나스닥 100레버리지(합성H), 그다음으로 KODEX 은행입니다. 각 ETF 이름에서부터 해당 상품이 어떤 지수를 추종하고 있을지 감을 잡을 수 있습니다.

홈페이지 메인에 뜬 ETF 목록

1 ♡	2 ♡	3 ♡
Kodex 미국반도체MV	Kodex 미국나스닥100 레버리지(합성 H)	Kodex 은행
390390	409820	091170
개인연금 | 퇴직연금		개인연금 | 퇴직연금
*1년 수익률	*1년 수익률	*1년 수익률
67.9%	62.9%	60.0%
현재가 22,090 원	현재가 10,770 원	현재가 9,060 원
기준일 2024.08.27	기준일 2024.08.27	기준일 2024.08.27

출처: 삼성자산운용 홈페이지

KODEX 미국반도체MV의 상품 정보

순자산 총액	5,744억원	상장일	2021.06.30
최소거래단위	1주	설정단위	50,000좌
사무수탁사	신한펀드파트너스	수탁은행	한국씨티은행

출처: 삼성자산운용 홈페이지

이 중에서 지난 1년간 수익률이 가장 좋았던 KODEX 미국반도체MV(390390)의 상품 정보를 확인해 보겠습니다. 2021년 상장해 2024년 8월까지 순자산 총액은 5,744억 원이라는 것을 알 수 있습니다.

기초지수정보

MVIS US Listed Semiconductor 25 Index

MVIS US Listed Semiconductor 25 Index(KRW)는 MV Index Solutions가
산출, 발표하는 지수로서 미국 상장 글로벌 반도체 대표기업 25개 종목으로 구성되어
있습니다.

이 ETF가 추종하는 지수는 어떤 것일까요? 미국반도체라는 이름
이 붙었으니, 미국의 반도체 관련 기업들을 담아 투자하는 지수라고
알 수 있습니다.

실제로 KODEX 설명란을 확인하면, 미국에 상장된 반도체 기업
중 25개 기업을 중심으로 구성되었으며, 반도체 혹은 반도체 장비
관련 사업 매출 비중이 50% 이상 되는 기업을 대상으로 한다는 것
을 알 수 있습니다. 구성 종목 비중은 시가총액에 따른 가중방식으
로 결정되며 20% 상한선이 있다는 것도 설명에서 알 수 있습니다.
실제 ETF가 담은 종목들의 목록을 보면 미국의 대표적인 반도체 기
업들인 것을 알 수 있습니다. 엔비디아, TSMC, 브로드컴, AMD, TI,
ASML 등등이 각각 시가총액에 따른 비중으로 담겨 있습니다.

이처럼 ETF가 추종하는 지수는 지수개발회사들(국내에는 FnGuide
가이드, 해외에는 MV Index Solutions 같은 회사)들이 만들어 내며 각 테
마에 맞는 지수를 개발하면 이를 추종하는 ETF가 만들어지는 방식
으로 진행됩니다.

KODEX 미국반도체MV ETF의 세부 종목 및 비중

종목명	종목코드	수량	비중(%)	평가금액(원)
설정환금액	CASH00000001	1,128,494,378	-	1,128,494,378
원화현금	KRD010010001	3,307,118	-	3,307,118
NVIDIA Corp	NVDA US Equity	1,437.36	21.93	246,720,136
TAIWAN SEMICONDUCTOR-SP ADR	TSM US Equity	667.41	13.48	151,671,795
BROADCOM LTD	AVGO US Equity	431.35	8.46	95,210,353
ADVANCED MICRO DEVICES	AMD US Equity	280.76	5.13	57,731,966
TEXAS INSTRUMENTS	TXN US Equity	203.49	5.04	56,665,612
ASML HOLDING	ASML US Equity	42.09	4.50	50,665,945
APPLIED MATERIALS INC	AMAT US Equity	170.38	4.07	45,815,617

출처: 삼성자산운용 홈페이지

다만, 초보자 입장에서 이런 지수가 어떻게 구성되는지에 대한 심도 있는 이해는 필요하지 않습니다. 대부분 ETF가 추종하는 지수는 합리적인 방식으로 정해집니다. 국내 지수를 추종하는 ETF의 경우 코스닥이나 코스피 지수 자체를 추종하며, 테마나 섹터를 추종하는 지수의 경우라도 시가총액이 높은 순으로 포함하도록 설계되는 경우가 많습니다. 미국이나, 일본, 중국에 상장된 종목들을 추종하는 지수의 경우도 마찬가지입니다. 지수 자체가 잘못되어 ETF가 잘못 만들어지는 일은 크지 않다는 이야기입니다.

따라서 초보자들은 지수가 어떻게 구성되었는지 방법에 대해 탐구하는 것보다는, 이 지수가 어떤 기준을 가지고 어떤 종목을 포함시켰는지를 아는 것이 중요합니다. 여기에 어느 종목이 어느 정도의 비중을 차지하고 있는지까지 알고 투자한다면 훨씬 좋은 성과를 낼 가능성이 높아지겠죠.

이처럼 ETF가 추종하는 지수가 어떤 종목을 얼만큼의 비율로 담고 있는지를 나타내는 것이 투자구성종목이라고 하며 PDF**Portfolio Deposit File**라고 하기도 합니다.

| 투자구성종목 확인하기

그럼 KODEX 미국반도체MV ETF는 어떤 종목들에 투자하고 있는지를 확인해 보겠습니다. 2024년 8월 19일 기준으로 ETF는 총 27개 종목에 투자하고 있습니다. 원래의 구성은 25개 종목이지만, 시장 상황에 맞게 종목이 추가되거나 빠지기도 하고 종목별 비중이 변하기도 합니다. 이를 리밸런싱이라고 합니다.

PDF에서는 ETF가 어떤 종목을 얼만큼 보유하고 있는지를 알 수 있습니다. 미국반도체MV ETF가 가장 많이 보유한 종목은 미국의 인공지능 반도체 회사인 엔비디아이며 20.98%를 보유하고 있음을 알 수 있습니다. 그다음으로는 반도체 제조사인 TSMC이며 브로드컴, AMD, TI, ASML이 순차적으로 포함되어 있음을 알 수 있습니다.

즉 KODEX 미국반도체MV ETF의 경우 이들 종목의 지수를 일정한 기준에 맞춰 만들어진 기초지수를 추종하는 ETF라고 볼 수 있

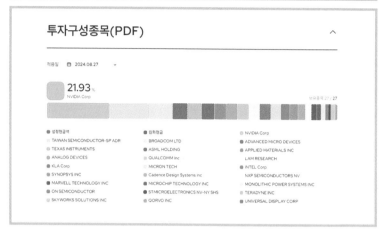

습니다. 따라서 이 ETF 1주를 매수한다면 총 25개 종목에 낮은 금액으로 동시 투자한 것이 됩니다. 이것이 바로 ETF의 분산투자 효과 및 소액투자 효과라고 할 수 있습니다.

NAV와 괴리율, 추적오차

ETF는 기초지수를 추종해 가격이 결정됩니다. 그러나 시장에서 거래되는 ETF의 가격은 ETF가 추종하는 기초지수를 완벽하게 따라갈 수는 없습니다. 왜 이런 현상이 발생하는지 알기 위해서는 ETF의 실제 가치와 ETF 시장가격 그리고 ETF가 추종하는 기초지수 간의 관계를 알아야 합니다.

　가장 먼저 ETF가 가지는 진짜 가치인 순자산가치를 알아야 합니다. ETF가 가진 자산에서 부채(운용보수)를 뺀 금액을 ETF 발행 증권 수로 나누면 실제 1주당 순자산가치가 나옵니다.

- -

• **순자산가치(NAV) = 순자산총액(ETF 자산-운용보수) ÷ ETF 발행 증권 수**

- -

　이를 NAV라고 하며, 실제 ETF 1주가 가지는 가장 정확한 가치라고 할 수 있습니다. ETF의 자산의 가격은 매일 장 마감 후에나 정확하게 확인할 수 있습니다. 따라서 NAV는 매일 장 마감 후 한 번씩 업데이트된다는 특징이 있습니다.

　그러나 ETF는 실시간 거래할 수 있는 상품이기 때문에 실시간으로 순자산가치를 확인할 수 있는 방법이 필요한데, 이를 위해 거래소에서는 기초자산의 가격 변동을 따라 ETF의 가치를 추정해 제공하고 있습니다. 이를 iNAV라고 합니다. 실시간으로 변하는 종목들의 가격을 정확하게 따라갈 수 없기에 추정된 실시간 순자산가치값을 말하는 것이죠.

　이러한 NAV와 iNAV를 기반으로 해서 ETF의 시장가격이 결정됩니다. 하지만 실제 ETF의 순자산가치와 시장에서 거래되는 ETF의 가격에는 차이가 있을 수밖에 없습니다. 인덱스, 즉 지수는 추종하

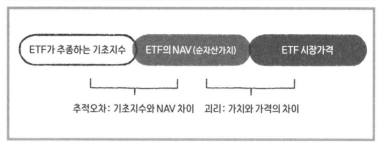

출처: 삼성자산운용 홈페이지

는 주식들의 가격을 계산해 만들어진 지표이지만, ETF는 사는 사람과 파는 사람이 존재하는 실제 세계이기 때문입니다. ETF에는 유동성 공급자가 있어 유동성이 부족하지 않도록 하지만, 결국 계산으로 만들어진 인덱스와 실제 시장에서 거래되는 ETF의 가격에는 차이가 발생하게 됩니다.

이처럼 실제 추종하는 지수와 ETF의 가격이 완벽히 일치하지 않는 것을 괴리되었다고 표현하며, 얼마나 많이 괴리되어 있는지를 가리켜 괴리율이라고 합니다. 수급이 원활하지 않은 ETF의 경우 괴리율이 높으며, 실제 지수를 쫓아가지 못할 수도 있다는 문제점이 있습니다.

ETF의 시장가격과 NAV의 차이를 괴리율이라고 한다면, ETF의 NAV와 ETF가 실체 추종하는 기초지수의 차이를 두고 추적오차라고 표현합니다.

추적오차의 이유는 다양하지만 ETF의 순자산가치, 즉 NAV에는

출처: 네이버페이 증권

운용보수와 배당금, 이자, 기초자산 변경에 따른 거래비용 등이 포함되지만, 기초지수에는 이런 것이 전혀 없기 때문입니다. 즉 기초지수는 단순하게 추종하는 주식들의 지수를 가지고 계산해 낸 하나의 숫자이지만, NAV는 다양한 현실에서의 비용을 모두 처리한 상태에서의 가치이기 때문입니다.

NAV와 시장가격, 괴리율에 대한 정보를 알기 위해서 네이버 증권을 이용합니다. 예를 들어 KODEX 미국반도체MV ETF를 검색해보겠습니다.

오늘의 ETF 시장가격은 2만 2,605원이지만, NAV값은 2만 2,519원으로 86원의 차이가 남을 알 수 있습니다. 이것이 앞서 말한 괴리율입니다. 보통 ETF의 유동성이 낮거나 분배금이 지급되어 일시적인 수급의 변화로 가격 차이가 발생합니다.

사실 복잡하게 설명하긴 했지만, ETF를 거래할 때 NAV나 iNVA, 괴리율 그리고 추적오차까지 확인하고 매수·매도할 수는 없습니다. 그러나 내가 거래하는 ETF의 가격이 어떻게 결정되는지는 알아야 합니다.

또한 해당 종목을 찾았을 때 화면에 나오는 정보와 숫자를 이해하지 못하고 투자한다는 것은 어불성설에 가깝습니다. 이런 지표를 투자 결정의 기준으로 삼으라는 것이 아닌, 이 지표가 말하고자 하는 게 무엇인가를 알기 바라는 마음에서 이 챕터를 썼다는 것을 이해해 주길 바랍니다.

총보수

어떤 물건이나 상품을 거래할 때 거래소가 있다면 반드시 중개수수료를 지급해야 하며, 상품을 주관하는 곳이 있다면 중개보수를 지급해야 합니다.

ETF 역시 ETF를 운용하는 운용사에 지급하는 총보수가 있고, 이는 ETF 투자에 있어서 수익률을 결정하는 하나의 요소가 되기 때문에 반드시 알고 있어야 합니다

총보수는 ETF 상품마다 다르게 매겨집니다. 추종하는 기초자산

이나 기초지수에 따라, 운용하는 운용 규모에 따라서 운용사에 지급하는 수수료 개념의 보수금액도 다르게 책정되는 것이죠. 일반적으로 총보수율은 당연히 낮을수록 좋습니다. 이것이 높다면 거래를 시작할 때부터 손실을 입고 시작할 수밖에 없기 때문이죠.

각 운용사의 홈페이지에 가면 ETF의 총보수가 나와 있습니다. 그렇다면 총보수란 무엇을 뜻하는 것일까요? 총보수란 말 그대로 ETF를 운용할 때 들어가는 총 비용을 뜻합니다. 여기에는 운용수수료, 판매수수료, 수탁수수료, 사무관리수수료 등이 포함됩니다.

문제는 이러한 총보수는 ETF를 거래하지 않아도 보유만 하고 있어도 연 단위로 부과된다는 점입니다. 따라서 이 보수가 높으면 오랜 기간 ETF를 보유하고 있다고 하더라도 매년 일정 비율로 손실을 보게 된다는 것이죠. 1회성 수수료가 아니기 때문에 반드시 총보수는 낮을수록 좋습니다.

- -

- 총보수(연) = 0.450%(지정참가회사: 0.020%, 집합투자: 0.390%, 신탁: 0.020%, 일반사무: 0.020%)

- -

삼성자사운용사의 KODEX 2차전지산업 ETF의 총보수는 0.450%입니다. 일반적으로 1% 이내면 낮은 보수라고 보며 1%가 넘어갈 경우 부담이 커지게 됩니다. 연간 기대하는 수익률이 5~10% 사이인데, 여기서 매년 1%씩 손실을 보고 시작한다면 아찔해지네요.

일반적으로 시장지수(코스피200. 코스닥100)를 추종하는 ETF의 경우 보수가 높지 않습니다. ETF를 관리하는 데 적은 비용이 들기 때문입니다. 이러한 시장지수를 추종하는 ETF의 경우 수요가 많기 때문에 전체적인 비용은 높아지지만 개별 비용은 낮아질 수밖에 없습니다. 실제 KODEX 코스피 ETF의 경우 코스피 지수를 직접 추종하고 있으며, 이로 인해 0.15%의 수수료만 내면 됩니다.

- -

• 총보수(연) = 0.150%(지정참가회사: 0.001%, 집합투자: 0.109%, 신탁: 0.020%, 일반사무: 0.020%)

- -

미국의 시장지수인 나스닥이나 S&P500 등에 투자하는 경우 더 낮은 보수로 투자가 가능합니다. 나스닥 지수를 추종하는 KODEX 나스닥100(H) ETF의 경우 0.0099%의 아주 낮은 보수만 내면 투자할 수 있습니다. 이는 국내 지수를 추종하는 ETF보다 미국 나스닥 지수를 추종하는 ETF에 대한 수요가 훨씬 많기 때문입니다.

• 총보수(연) = 0.0099%(지정참가회사: 0.001%, 집합투자: 0.0009%, 신탁: 0.005%, 일반사무: 0.003%)

ETF에 투자할 때 보수를 확인하는 것은 무척 중요합니다. 보수가 높다면 일단 손실이 된 상태에서 시작하기 때문입니다. 만약 1%의 수수료를 가진 ETF에 100만 원을 투자하면 시작하자마자 1%의 손실을 얻고 자산가치는 99만 원이 되는 것입니다. 별것 아닌 것처럼 보일 수 있습니다. 어차피 ETF가격이 올라 이 정도 손실은 괜찮다고 생각할 수 있습니다. 그러나 고정적인 1%의 손실이 계속 누적되면 저렴한 보수의 ETF 투자자보다 결과적으로 낮은 성적표를 받아들 수밖에 없습니다.

| 수익률

아무리 좋은 인덱스를 추종하고, 보수율이 낮은 상품이라고 하더라도 ETF의 운용실적이 좋지 않아 계속해서 손실을 보고 있는 상품이라면 투자를 꺼릴 수밖에 없습니다. 대표적인 시장지수를 추종하는 종목이라면 거의 대부분 이익이 나고 있겠지만, 그렇지 않은 종목도 있을 수 있으니 유의해야 합니다.

ETF에 투자하기 위해서는 ETF 자체의 수익률을 반드시 확인해야 합니다. 수익률을 확인할 때는 최소 1개월 이상을 확인해야 하며, 상장이후 어떤 흐름을 보여 왔는지도 확인하면 좋습니다. 수익률 자료는 운용사 홈페이지에서 제공하기 때문에 손쉽게 확인할 수 있습니다.

다만 이 수익률은 과거의 결과라는 점을 명심해야 합니다. 즉 과거의 수익률이 미래의 수익률을 결정하는 것은 아니라는 것입니다. 따라서 과거에 좋은 수익률을 내고 있다고 해서 이를 기반으로 단순히 투자를 결정해서는 안 됩니다.

물론 계속해서 마이너스가 난 ETF보다는 지속적으로 수익을 내고 있는 ETF 상품이 투자대상으로 더 매력적임은 확실합니다. 하지만 수익률은 과거 데이터를 기반으로 계산한 단순한 수치에 불과하

KODEX 미국반도체MV ETF의 기간별 수익률

Kodex 미국반도체MV 기간별 수익률

종목명	1개월	3개월	6개월	1년	3년	5년	연초이후	상장이후
NAV	0.31	-1.12	17.25	67.02	194.60	-	44.54	126.84
기초지수	-0.55	-1.85	16.34	65.36	108.98	-	43.49	121.27
시장가격(종가)	-1.38	-1.79	16.98	64.72	111.79	-	43.24	123.82

출처: 삼성자산운용 홈페이지

며, ETF의 가격 전망은 ETF가 추종하는 지수가 얼마나 발전 가능성이 있는 산업군에 속해 있는지, 지수가 포함하는 종목들이 얼마나 산업군에서 우위를 차지하고 있는지, 이들 기업의 대표적인 제품이 시장에서 얼마나 영향력을 가지고 있는지를 종합적으로 보고 투자를 판단해야 합니다.

ETF가 이러한 투자 참고사항을 최대한 반영해 만들어진 상품이라고는 하지만, 단순하게 이름만 보고 수익률만 보고 투자를 한다는 건 미래를 전혀 예상하지 않은 채 과거에만 머물러서 투자하는 것밖에 되지 않습니다. 따라서 수익률은 단순한 과거 데이터로 보되, 어떤 시점에서 어떤 결과를 보였는지를 참고한다면 투자에 도움이 될 수 있습니다.

각 회사의 ETF 소개 페이지에는 다양한 정보들이 기재되어 있습니다. 상장 이후에 운용실적도 확인할 수 있어, 이 ETF가 얼마나 잘 운용되고 있는지도 알 수 있습니다. 따라서 투자 전에는 ETF에 대한 소개 페이지와 구성요소 PDF를 반드시 확인해야 합니다.

해외 ETF

국내에서 거래할 수 있는 ETF들 중 국내의 자산을 추종하는 상품이 있는 반면, 국내 자산운용사가 해외의 자산을 추종하는 ETF가 있을 수 있습니다. 또한 해외의 자산운용사가 해외 자산을 추종하는 ETF들도 있을 수 있습니다.

따라서 해외 ETF는 국내에 상장되어 있는 상품인지, 해외에 상장되어 있는 상품인지를 명확히 알아야 합니다. 두 상품 간의 차이점에 대해서 알아보도록 하겠습니다.

| 국내상장 해외 ETF

국내상장 해외 ETF란 삼성자산운용 같은 국내의 운용사가 해외의 기초자산 혹은 시장지수를 추종하도록 만들어 코스피 시장에 상장한 ETF를 말합니다. 미국 기업을 대상으로 하거나 미국의 주요증시인 S&P500과 나스닥 지수 혹은 다우 지수를 추종하도록 설계된 ETF들입니다.

국내상장 해외 ETF의 대표적인 예시

| | Kodex 미국S&P500(H)
개인연금 | 퇴직연금 | 12,502
2,457 | | 1.68 | 5.79 | 6.38 | 16.11 | 24.13 | - | 10.51 | 27.45 | ♡ ⌄ |
| | Kodex 미국나스닥100(H)
개인연금 | 퇴직연금 | 14,861
2,073 | | 2.59 | 7.11 | 5.91 | 15.35 | 31.67 | - | 9.56 | 49.96 | ♡ ⌄ |

출처: 삼성자산운용 홈페이지

예를 들어 KODEX 미국S&P500(H) ETF의 경우 미국의 S&P 사에서 개발한 S&P500지수를 추종하도록 설계되었습니다. S&P500에는 미국의 증권시장에 상장된 기업들 중 500여 개 기업의 주가가 포함되어 있죠. 이 지수를 추종하는 ETF는 결국 미국의 500개 기업에 대해서 분산투자할 수 있게 되는 것입니다.

이외에도 미국의 나스닥 지수를 추종하는 ETF들도 있으며, 다우존스 지수를 추종하는 ETF들도 있습니다. 당연하게도 기초시장 지수뿐 아니라, 다양한 방식으로 변주된 ETF들도 존재합니다. 예를 들어 미국에 상장된 기업들 중 반도체 기업 25개에 집중적으로 투자하는 ETF도 있습니다(KODEX 미국반도체MV - 390390).

모든 ETF가 해외의 인덱스를 추종하는 것은 아닙니다. 국내에도 다양한 지수개발회사들이 존재합니다. 대표적인 회사가 바로 에프앤가이드FnGuide입니다. 여기에 더해 최근에는 NH투자증권이 직접 iSelect라는 지수를 개발했습니다(2024년 8월 19일 현재, 총 72개의 지수 개발). 이렇게 국내에서 만들었지만, 해외 종목을 포함하는 인덱스도 있죠. 또한 이렇게 만들어진 지수를 추종하는 ETF 역시 존재합니다.

NH투자증권에서 만든 iSelect 지수 중 대표적인 것이 iSelect 서학개미지수라는 이름의 인덱스입니다. 이는 국내 투자자들이 가장 많이 투자하는 미국의 주식 종목 25개를 선정해 이를 기준으로 가격을 구성하는 인덱스입니다.

NH투자증권 iSelect 서학개미지수 인덱스 정보

지수 정보		구성종목 비중 (기준일 : 2024/08/19)					3개월데이터 엑셀로저장
		일자	종목코드	종목명	전일종가(원)	지수산정주...	비중(%)
기준시점	2018-06-01	2024/08/16	US67066G1040	NVIDIA Corp	124.58	24,700,001,280	21.95
발표시점	2022-01-28	2024/08/16	US0378331005	Apple Inc	226.05	15,634,282,320	13.19
기준지수	1000	2024/08/16	US0231351067	Amazon.com...	177.06	10,317,751,296	3.93
산출주기	1월	2024/08/16	US5949181045	Microsoft Corp	418.47	7,429,768,584	9.03
산출시간	09:00 ~ 15:30	2024/08/16	US02079K3059	Alphabet Inc	162.96	5,983,000,192	5.76
		2024/08/16	US02079K1079	Alphabet Inc	164.74	5,800,999,986	1.04
구성종목	25 종목	2024/08/16	US8740391003	Taiwan Semic...	174.54	5,186,414,080	2.20
		2024/08/16	US4581401001	Intel Corp	20.87	4,188,000,000	0.69

출처: NH투자증권 홈페이지

iSelect 서학개미지수를 추종하는 ETF 중 하나가 바로 KODEX 미국서학개미(473460)입니다. 이 ETF에 투자하면 미국에서 한국사람이 가장 많이 투자하는 25개 종목에 분산투자하는 효과를 가져오게 됩니다. 즉 엔비디아, 애플, 아마존, 마이크로소프트, 테슬라, 구글, 페이스북(메타) 등의 종목 25개를 골고루 투자할 수 있는 ETF입니다.

해외상장 해외 ETF

해외의 자산운용사가 해외자산을 추종하도록 만들어 해외 시장에 상장한 ETF입니다. 해외에서도 한국과 같이 다양한 운용사들이 다양한 ETF를 내놓고 있습니다. 미국을 중심으로 본다면 미국의 자산운용사가 미국에서 만든 인덱스를 추총해 ETF 상품을 만들고, 그걸 나스닥이나 NYSE 같은 미국증권거래소 시장에 상장하는 것입니다.

우리나라에서 가장 널리 알려진 ETF는 바로 QQQ일 것입니다. QQQ는 현재 미국의 성장을 이끌고 있는 나스닥 지수를 추종하는 ETF입니다. 이 ETF에 투자하게 되면 나스닥에 상장되어 거래되고 있는 미국의 기술주식 모두에 한꺼번에 투자할 수 있게 됩니다. 개별의 미국 주식이 흔들린다고 해도 전체적으로는 상대적으로 안전하다고 할 수 있습니다.

또 다른 미국의 대표적인 인덱스인 S&P500 지수를 추종해 미국의 자산운용사인 iShares에서 SPY라는 이름의 ETF를 만들었습니다. S&P500 지수에 포함된 500여 개 기업에 동시에 투자할 수 있게 만들어 둔 상품이죠. 이 상품은 투자의 현인으로 불리는 워런 버

출처: 야후 파이낸스

핏이 추천한 ETF로도 유명합니다. 자신이 죽으면 자신의 재산 중 90%를 S&P500을 추종하는 지수추종 ETF에 넣으라는 이야기를 했을 정도입니다.

미국의 대표적인 3대 지수 중 하나인 다우존스 지수를 추종하는 DIA ETF라는 종목도 있습니다. 다우존스 지수는 S&P500의 500개 기업 중에서 각 섹터를 대표하는 기업 30개를 뽑아서 만든 인덱스입니다. 과거에 증시에 상장된 기업이 많지 않았을 당시에는 다우존스 인덱스가 미국을 대표할 수 있었지만, 현대에 와서는 다우존스 지수가 미국을 대표한다고 보는 시각은 많이 줄었습니다. 다만, 그럼에도 여전히 영향력을 가진 인덱스이기 때문에 이를 추종하는 DIA ETF를 비롯해 다양한 상품들이 나오고 있습니다(미국은 국내와는 다르게 영대문자로 티커(종목코드)를 만들기 때문에 이를 외워 두기를 추천함).

- **나스닥 지수 추종: QQQ**
- **다우존스 지수 추종: DIA**
- **S&P500 지수 추종: SPY**

이런 종목들도 국내 증권사에서 해외 주식 거래를 통해 매매할

수 있습니다. 국내 주식이나 국내 ETF를 매수·매도할 때와 크게 차이가 없습니다. 오히려 ETF의 규모와 안정성 측면에서 봤을 때 국내 기초지수를 추종하는 ETF보다 해외 기초지수를 추종하는 ETF가 더 좋은 성과를 내기 때문에 국내 투자자들도 점점 해외 주식투자로 옮겨 가고 있다고 합니다.

미국 주식 대표지수

S&P500

S&P500 지수는 미국의 증시에 상장된 기업 중에서 500개를 골라서 만들어 낸 지수입니다. 전통적인 산업분야뿐 아니라 발전하고 있는 기술 산업분야의 기업들까지도 두루 포함하고 있어 미국을 대표하는 지수라고 불리기도 합니다. 미국뿐 아니라 전 세계 증권시장에서도 많이 사용됩니다.

  미국 증권시장에서 거래되는 회사는 셀 수 없이 많은데 S&P500에 포함된 500여 개 기업의 시가총액을 합하면 미국 전체 시장의 약 80% 이상을 차지한다고 합니다. 그만큼 이 지수는 미국을 대표하는 지수라고 할 수 있죠. 기술주, 금융주, 통신주, 헬스케어, 에너지, 부동산, 산업주, 유틸리티, 원자재 등의 섹터로 구성되어 있습니다. 다양한 기업들이 포함되어 있는 만큼 전체 미국의 증권시장 흐름을 나타낸다고 볼 수 있습니다. 구체적인 S&P500에 포함된 기업은 S&P다우존스지수 홈페이지(www.spglobal.com)에서 확인할 수 있습니다.

  S&P500 지수를 추종하는 ETF는 굉장히 많습니다. 그중에서 가장 대표적인 2가지 상품에 대해 알아보겠습니다. 첫 번째로 알아볼 ETF는 가장 오래되고 가장 규모가 큰 SPY입니다.

  SPY는 미국의 State Street라는 운용사에 만든 SPDR ETF 브랜드의 가장 대표적인 ETF 상품입니다. 1993년 1월 22일에 상장되어

1993년부터 2024년까지 SPY ETF의 가격 변화

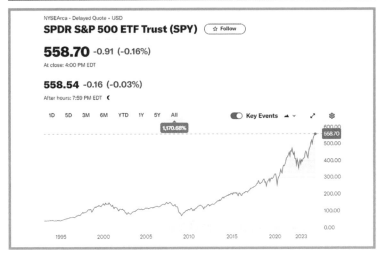

출처: 야후 파이낸스

S&P500지수추종 ETF인 IVV의 주가

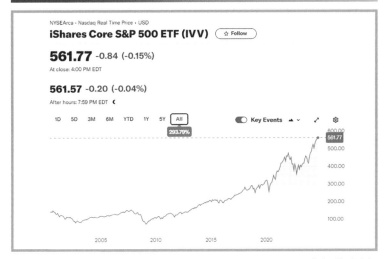

출처: 야후 파이낸스

현재까지 꾸준한 사랑을 받아 온 종목입니다. 0.09%라는 저렴한 수수료 덕분에 더 많은 투자자들이 몰리고, 그에 따라 운용자산이 꾸준히 늘어나고 있는 초대형 ETF입니다.

두 번째 S&P500 지수를 추종하는 ETF로는 블랙록 iShares 브랜드에서 운영하는 IVV ETF입니다. SPY에 비해 7년 늦은 2,000년에 상장했지만, 동일한 지수를 추종하고 있기 때문에 SPY와 거의 동일한 성과를 보입니다. SPY ETF에 비해서 수수료율이 1/3 수준으로 낮은 0.03% 것이 특징으로 수수료에 민감한 투자자들은 SPY보다는 IVV나 또 다른 S&P500 지수를 추종하는 Vanguard사의 ETF인 VOO에 투자하기도 합니다.

| 나스닥

나스닥NASDAQ은 IT를 메인으로 하는 벤처 기술주들의 주식을 장외에서 거래하도록 만들어진 거래소입니다. 시작은 장외시장으로 했지만, 1971년 창립 이후 빠르게 성장하면서 현재는 NYSE(뉴욕증권거래소)와 함께 장내시장으로 인정받았습니다. NYSE가 전통적인 산업군을 거래하는 우리나라의 코스피라면, 나스닥은 IT 기업들이 상장해 거래하는 우리나라의 코스닥이라고 보면 좋습니다. 소프트웨어, 생명공학, 반도체 등의 기술주들이 핵심이며 금융이나 보험, 운

나스닥 상위 10개 기업		
구성 주식	주식 코드	백분율
Microsoft	MSFT	13.25%
Apple	AAPL	12.46%
Amazon	AMZN	6.82%
Nvidia	NVDA	5.58%
Alphabet A	GOOGL	4.18%
Alphabet C	GOOG	4.13%
Meta Platforms	META	4.10%
Tesla	TSLA	3.30%
Broadcom	AVGO	2.10%
AMD	AMD	1.29%

2024년 8월 기준

송 등의 다양한 업종도 포함되어 있습니다. 2024년 8월 기준 약 3,000여 개의 종목이 나스닥 거래소에 상장되어 거래되고 있습니다.

나스닥에서 거래되는 모든 보통주들의 주가를 시가총액에 따라 가중치를 부여해 제공하는 지수가 바로 나스닥 종합지수입니다. 산업별 비중을 살펴보면 기술 업종이 55.1%를 차지할 정도로 압도적인 시가총액을 보여 줍니다. 상위 10개 기업의 목록을 살펴보면 우리가 흔히 미국 기업에 투자한다고 할 때 볼 수 있는 기업들을 찾아볼 수 있죠.

나스닥 지수는 그 자체로도 의미가 있지만, ETF들이 추종하는 가격을 제공하는 지수가 되기도 합니다. 대표적인 나스닥 100지수를

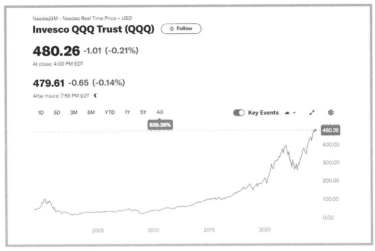

미국나스닥100을 추종하는 ETF QQQ의 상장이후 주가 흐름

NasdaqGM - Nasdaq Real Time Price • USD
Invesco QQQ Trust (QQQ) ☆ Follow

480.26 -1.01 (-0.21%)
At close: 4:00 PM EDT

479.61 -0.65 (-0.14%)
After hours: 7:59 PM EDT ◀

1D 5D 3M 6M YTD 1Y 5Y All
839.38%

Key Events

480.26
400.00
300.00
200.00
100.00
0.00

2005   2010   2015   2020

출처: 야후 파이낸스

추종하는 ETF로는 QQQ를 들 수 있습니다. 미국의 자산운용사인 Invesco에서 만들어 1999년 5월에 상장시킨 QQQ는 현재까지 가장 유명한 나스닥 지수를 추종하는 ETF로 알려져 있습니다.

수수료가 0.20%로 다소 비싸긴 하지만, 나스닥이라는 가장 빠르게 성장하는 지수를 추종하는 까닭에 미국 경제위기, 코로나 그리고 최근의 경기 침체 등 위기를 모두 벗어나 끊임없이 성장하고 있고, 때문에 투자자들의 많은 사랑을 받고 있습니다.

│ 다우존스

S&P500에는 500개가 넘는 종목이 포함되어 있습니다. 시가총액 가중방식을 사용했기 때문에 시가총액이 큰 종목이 인덱스의 큰 비중을 차지합니다. 이렇게 하다 보니 너무 많은 기업이 포함되어 있고, 움직임이 둔하다는 특징이 있습니다.

이런 문제점을 해결하고자 미국의 금융·언론서비스 회사인 다우존스라는 새로운 지수를 만들기로 합니다. S&P500에 포함된 500여 개 종목에서 30개 종목만을 떼어 내서 별도의 지수로 만들게 됩니다. 이 지수가 바로 다우존스 산업지수입니다. 줄여서 다우 지수라고 부르기도 합니다.

S&P500에 포함된 500여 개 종목에서 30개 종목을 선택할 때 그 방식이 특이하다고 알려져 있습니다. 일반적으로 지수를 구성하는 종목을 선정할 때는 시가총액에 따른 가중치 방식을 씁니다. 규모가 큰 회사의 주가가 지수에 더 큰 영향을 미치도록 설계하는 것이죠. 그러나 다우존스 지수는 시가총액 순서대로 30개의 기업을 뽑지 않았습니다. 각 산업군에서 대표성을 띤 종목을 택해서 지수에 포함시킵니다.

구성을 보면 좀 의아할 정도의 기업들이 포함되어 있습니다. 우리가 흔히 '크다'고 알고 있는 대부분의 미국 기업이 포함되어 있지 않죠. 예를 들어 엔비디아, 메타, 구글 등이 그렇습니다.

번호	회사이름	티커	가중치	가격
1	Unitedhealth Group Inc	UNH	9.28918	580.65
2	Goldman Sachs Group Inc	GS	8.09991	497.34
3	Microsoft Corp	MSFT	6.76538	424.80
4	Home Depot Inc	HD	5.82712	367.27
5	Caterpillar Inc	CAT	5.53149	343.30
6	Amgen Inc	AMGN	5.26378	328.55
7	Mcdonald S Corp	MCD	4.61506	285.63
8	Visa Inc Class A Shares	V	4.27673	268.04
9	Salesforce Inc	CRM	4.25924	261.84
10	American Express Co	AXP	4.0774	253.08
11	Apple Inc	AAPL	3.62544	226.51
12	Travelers Cos Inc	TRV	3.51406	217.02
13	Jpmorgan Chase & Co	JPM	3.45788	214.52
14	Honeywell International Inc	HON	3.19451	200.07
15	Intl Business Machines Corp	IBM	3.12534	196.03

2024년 8월 기준

　이는 산업군당 대표적인 기업 하나만을 포함시킨다는 다우존스 지수의 원칙 때문입니다. 일부 예외는 있지만, 30여 개 분야당 대표적인 기업 하나만을 포함하고 있음을 목록에서도 확인할 수 있습니다. 그런 이유 때문에 사실 다우 지수가 진짜 미국을 대표하는 게 맞는지에 대한 의문도 있습니다.

　예전에 상장된 종목들이 얼마 없을 때는 30개로도 미국을 대표할 수 있었지만, 지금처럼 수많은 기업이 상장되어 있는 상황에서 과연

30개 종목이 포함된 다우존스가 미국을 대표하기는 어렵다는 게 대표적인 지적이죠.

이런 문제는 ETF에서도 드러납니다. 다우존스를 추종하는 ETF의 경우 엔비디아, 메타, 구글 같은 기업의 성과는 반영할 수 없습니다. 특히 최근 미국 증시의 성장은 반도체에서 나오고 있는데, 현재의 다우존스 지수로는 엔비디아의 주가 상승을 반영하지 못하기 때문에 '미국을 대표하는 지수'라는 평가를 받기는 어렵다는 것입니다. 그렇지만 여전히 다우 지수를 추종하는 ETF는 힘이 있습니다. 가장 대표적인 ETF의 티커는 DIA이며, 여전히 높은 거래량과 큰 자산규모를 보여 주고 있습니다.

출처: 야후 파이낸스

DIA Dividend Summary

Div Yield (FWD)	Annual Payout (FWD)	Payout Ratio	5 Year Growth Rate	Dividend Growth
1.60%	$6.59	-	3.07%	3 Years

출처: Seeking Alpha

DIA ETF는 월배당을 지급하는 재미있는 특징도 있습니다. 배당금액이 크진 않지만, 연간 1.61% 정도의 배당수익률을 보이고 있습니다. 높은 수준은 아니기에, 큰 의미를 두고 투자할 필요는 없지만, 배당이 없는 것보다는 상대적으로 수익률을 높일 수 있다는 장점이 있습니다.

어떤 종목을 지수에 더 많이 포함시킬지 결정할 때 적용되는 기준도 재미있습니다. 일반적으로 시가총액이 높은 종목을 선택할 것이라고 생각합니다. 하지만 다우존스 지수의 경우 주식의 가격으로 선택해 그 종목을 포함하는 전략을 이용합니다. 이런 이유 덕분에 가장 높은 비중을 차지하는 기업이 시가총액 1위인 마이크로소프트나 애플이 되는 것이 아니라 580달러를 기록하고 있는 UNH 유나이티드헬스 그룹이 된 것입니다. 골드만삭스가 497달러이기 때문에 그다음으로 높은 가중치를 가지며 마이크로소프트가 424달러로 3등의 가중치를 가집니다. 심지어 애플은 3.6% 정도밖에 포함되지 않을 정도입니다.

레버리지 ETF와
인버스 ETF

지금부터 소개하는 레버리지 ETF와 인버스 ETF는 고위험 등급에 속하는 상품으로, 금융투자교육원에서 교육을 이수해야 투자를 할 수 있습니다. 따로 교육까지 받아야 하는 이유는, 잘 활용하면 높은 수익을 올릴 수 있지만, 손실 위험도 그만큼 크기 때문입니다. 따라서 처음 주식을 시작한 투자자라면 이러한 투자가 있다는 정도로 이해하고 넘어가길 권하며, 혹시 투자를 하더라도 신중하게 소액으로 시작하길 권합니다.

│ 레버리지 ETF

레버리지란 지렛대를 뜻하는 단어입니다. 지렛대는 적은 힘으로 반대편의 무거운 물체를 들어 올릴 수 있는 도구입니다. 투자에서 레버리지란, 적은 자금을 가지고 더 큰 금액을 운용할 수 있게 해 주는 장치를 말합니다. 이를 통해 자금이 적은 상태에서도 투자를 통해 아주 큰 이익을 올릴 수 있는 효과를 볼 수 있죠.

부동산에서는 아파트를 사서 전세를 놓으면 갭만으로도 아파트를 매수할 수 있고, 아파트의 가격이 오르면 투자금 대비 수익률이 극대화될 수도 있습니다. 이때 집주인의 입장에서, 전세 레버리지를 했다고 표현하기도 합니다. 비단 부동산뿐 아니라 어떤 투자에서도 대출은 일종의 레버리지가 됩니다. 나의 투자 자본금보다 훨씬 더 많

레버리지 ETF 종류

순서	ETF 티커	ETF 개요
1	TQQQ	나스닥 지수 3배 추종 레버리지
2	SOXL	반도체 지수 3배 추종 레버리지
3	UPRO	S&P500 지수 3배 추종 레버리지
4	FNGU	메타, 구글, 아마존, 애플, 넷플릭스를 포함하는 미국 상장 소비지 기업 지수 3배 추종 레버리지
5	TMF	20년물 만기국채 3배 추종 레버리지
6	TECL	미국대형기술회사 지수 3배 추종 레버리지
7	LABU	미국 바이오 기업 3배 레버리지
8	TNA	러셀 2000의 미국 소형주 지수 3배 추종 레버리지

은 금액을 투자에 사용할 수 있도록 해 주는 수단이기 때문입니다.

주식에서 볼 수 있는 레버리지 ETF는 기초자산 ETF 수익률의 배수만큼의 수익률을 추구하는 상품입니다. 예를 들어 추종하는 기초자산의 수익률이 1%가 상승한다면 이 자산을 2배 레버리지로 추종하는 ETF의 경우, 2%의 상승률을 기록하도록 하는 방식입니다. 3배 레버리지로 추종하는 ETF의 경우에는 3%의 상승률을 기록할 것입니다.

가장 대표적으로 QQQ 수익률을 하루 3배로 추종하는 ETF상품인 TQQQ가 있습니다. QQQ가 하루 1% 오른다면, 즉 나스닥 지수가 하루 1% 오른다면 TQQQ는 하루 변동률이 3%가 되도록 설계되어 있습니다. 그만큼 높은 수익률을 추구할 수 있는 상품이죠.

미국의 대표적인 반도체 지수인 ICE 반도체 지수를 추종하는

출처: 야후 파이낸스

ETF인 SOXX가 있습니다. 이 지수를 3배로 추종하는 ETF가 바로 유명한 종목인 SOXL ETF입니다. 인공지능과 자율주행, 로봇 등의 분야가 급속도로 발전하면서 반도체 수요가 급증하고 있고, 이 때문에 반도체 관련 기업들의 주가가 급등해 반도체 지수 자체가 크게 급등했습니다. 반도체 지수가 급등함에 따라 3배 레버리지 ETF인 SOXL의 주가도 크게 올랐습니다. 일반적인 속도의 3배로 오르고 있으니 얼마나 큰 수익을 내고 있는지 상상해 볼 수 있습니다.

레버리지 ETF의 경우 지수의 수익률을 2~3배로 추종하기 때문에 기초지수의 변동폭이 작아도 레버리지 ETF의 변동폭은 커지게 됩니다. 기초지수가 3%만 변해도 3배 레버리지 ETF의 수익률은 10%에 근접하게 되는 것이죠. 이런 일이 최근 TQQQ 혹은 SOXL

같은 초대형주들, 특히 반도체 관련 기업을 많이 담은 ETF들에서 많이 보이고 있습니다.

이러한 변동률이 극대화되는 것은 주가가 오를 때는 아주 큰 장점으로 다가옵니다. 하지만 주가가 떨어질 때는 최악의 결과를 가져오게 됩니다. 레버리지 ETF의 최대 단점은 바로 주가 하락 시 하락폭이 3배에 이른다는 것입니다. 즉 기초지수가 1%가 하락하면 3배 ETF의 가격은 3%가 하락하게 됩니다. 기초지수가 5% 하락하는 날에는 ETF의 가격은 15%가 빠지게 됩니다.

더 큰 문제는 이렇게 주가가 하락했다가 다시 올라오는 경우라도 원래 가격을 회복하지 못한다는 것입니다. 예를 들어 100만 원짜리 3배 ETF의 가격이 10%가 빠지면 90만 원이 됩니다. 다음 날 10%의 가격 상승이 있다고 해도 이 주식의 가격은 99만 원이 되어 원금을 회복하지 못합니다.

사실 이런 식으로 동일한 퍼센트의 하락과 상승이 계속되면 원금 회복이 불가능한 것은 1배 레버리지 상품이나, 2베 레버리지 상품이나 모두 동일합니다. 심지어 일반 주식이라고 해도 모두 동일하죠. 다만, 레버리지 승수가 높을수록 이런 효과가 더 크게 나타납니다. 실제로 반도체 지수인 ICE 반도체 지수를 추종하는 1배, 3배 레버리지 ETF의 가격 하락과 상승에 따른 원금 회복 여부를 살펴보면 명확하게 알 수 있습니다.

[레버리지 ETF의 원금 회복성 차이] 그림을 보면 파란색 그래프

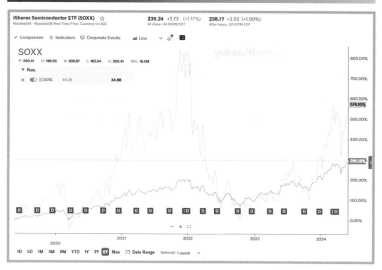

레버리지 ETF의 원금 회복성 차이

출처: 야후 파이낸스

가 1배 레버리지 상품인 SOXX의 주가 그래프입니다. 이미 전고점을 회복하고도 상승하고 있어 상투를 잡았던 투자자들도 수익권에 들어섰습니다. 녹색 그래프는 3배 레버리지인 SOXL의 주가 그래프인데, 2021년의 전고점을 여전히 회복하지 못하고 있다는 것을 알 수 있습니다. 상투를 잡았던 투자자들은 여전히 손실 구간일 수밖에 없다는 얘기입니다.

이처럼 레버리지 ETF에 투자하는 것은 매우 위험합니다. 주가가 상승할 때는 큰 수익을 가져다주지만, 하락할 때는 손실 금액도 눈덩이처럼 불어납니다. 손절하지 못하고 보유하고 있었다면 기초지수가 회복했다고 하더라도 3배 레버리지는 절반의 손실만 복구될 수밖에 없습니다.

레버리지 ETF를 투자할 때는 반드시 분할투자가 필요합니다. 종목의 가격 변동이 워낙 크기 때문에 한 번에 모든 주식을 매수하는 게 아니라, 조금씩 나누어 매수하는 방식입니다. 또한 가격 하락에 워낙 민감하기 때문에 어느 정도 기준으로 수익이 났다면 반드시 매도해 현금화를 하고, 어느 정도 기준으로 손실이 났다면 반드시 손절해 복구할 수 없는 수준의 손실이 발생하는 것을 막아야 합니다.

우리나라의 레버리지 ETF는 무엇이 있을까요? 펀드 및 ETF를 찾아볼 수 있는 에프앤가이드에 따르면 국내 기초지수를 대상으로 하는 레버리지 ETF는 19종에 이른다고 합니다.

국내에 상장된 레버리지 ETF 상품

No	종목명	시가총액	종가(원)	수익률	NAV(원)
1	KODEX 200	66,406	37,265	4.19	37,296.59
2	TIGER 200	23,446	37,335	4.19	37,356.70
3	KODEX 200TR	21,937	12,965	4.26	12,968.74
4	KODEX 레버리지	21,029	19,690	7.86	19,893.09
5	KODEX Top5PlusTR	13,570	23,890	8.03	23,885.68
6	KODEX 삼성그룹	13,431	9,465	1.87	9,460.25
7	KBSTAR 200	12,322	37,510	4.24	37,531.40
8	TIGER 2차전지테마	12,110	22,405	-4.17	22,395.79
9	KODEX 2차전지산업	12,093	18,925	-4.61	18,931.96
10	TIGER TOP10	12,060	12,635	5.68	12,635.82
11	TIGER MSCI Korea TR	11,622	15,770	2.67	15,795.25
12	KODEX 코스닥150레버리지	10,669	10,460	-7.60	10,495.54

출처: 에프앤가이드

이외에도 국내에 상장되었으면서 미국이나 해외의 기초지수를 2배로 추종하는 ETF들도 당연히 있습니다. QLD 같은 미국 상품을 매수하지 않고도 국내 증권사의 상품을 선택해 동일한 효과를 볼 수 있다는 뜻입니다. 다만, 수수료 차이와 환율에 노출되었는지 여부가 다를 수 있으니 이를 잘 따져 보고 투자해야겠습니다.

일반적인 ETF를 1배 레버리지라고 하기도 합니다. 1x 레버리지로 표시하기도 합니다. 미국에는 다양한 방식의 레버리지 ETF가 판매되고 있습니다. 나스닥 지수를 3배로 추종하는 TQQQ나 다우 지수를 3배로 추종하는 UDOW ETF 같은 기초지수 추종 ETF부터, 개별 산업군을 추종하는 ETF들도 많습니다. 미국의 바이오기업들의 주가를 3배로 추종하는 LABU, 주택건설 관련 기업들의 주가를 3배로 추종하는 NAIL, 제약회사 기업들을 3배로 추종하는 PILL들도 있습니다.

┃ 인버스 ETF

지금까지 살펴본 ETF는 기초지수가 상승할 때 가격이 같이 올라 수익을 보는 구조였습니다. 그러나 기초지수가 하락하면 수익을 보는 구조로도 설계가 가능합니다. 이러한 ETF를 인버스 ETF라고 합니다.

나스닥 지수를 거꾸로 추종하는 ETF가 있다고 한다면 나스닥이 1% 하락하면 ETF의 가격은 1% 상승합니다. 나스닥이 3% 하락하면 ETF의 가격은 동일하게 3% 상승하는 구조입니다. 어떤 기초지수이든지 상관없이 이런 식의 상품 개발이 가능합니다.

나스닥의 지수가 하락하면 가격이 상승하도록 만들어진 인버스 ETF는 PSQ라는 종목입니다. S&P500의 지수가 하락하면 가격이 오르는 ETF 상품은 SH라는 종목입니다. 다우 지수의 인버스 ETF은 DOG라는 이름으로 거래되고 있습니다.

인버스 ETF는 복잡한 파생상품을 만들지 않고도 시장에서 반대 포지션을 취할 수 있다는 점에서 획기적인 상품입니다. 시장이 하락기에 돌입한다면 모두가 투자를 하지 않으려 하기 때문에 이러한 인버스 ETF들이 시장에 자금을 공급하는 역할도 합니다.

인버스의 레버리지도 가능합니다. 나스닥 지수가 -1% 하락하면 2% 가격이 오르게 만들어진 QID, 3% 오르게 만들어진 SQQQ라는 상품도 있습니다. 정말 다양한 형태의 상품 구성이 가능합니다.

인버스 ETF의 경우 시장이 상승하기 시작하면 엄청난 속도로 가

ETF 주식병합 내용 (2024년 4월)

국가	종목코드	종목명	권리내용	상세내용	효력발생일
미국	STKH	스테이크홀더 푸즈(ADR)	액면병합	10 : 1	2024.04.04
미국	SPXE	PROETF S&P 500 EX-ENERGY ETF	액면분할	1 : 2	2024.04.10
미국	SPXN	PROETF S&P 500 EX-FINANCIALS ETF	액면분할	1 : 2	2024.04.10
미국	SPXV	PROETF S&P 500 EX-HEALTH CARE ETF	액면분할	1 : 2	2024.04.10
미국	REW	PROETF ULTRASHORT TECHNOLOGY	액면병합	2 : 1	2024.04.10
미국	PSQ	PROETF SHORT QQQ	액면병합	5 : 1	2024.04.10
미국	QID	PROETF ULTRASHORT QQQ	액면병합	5 : 1	2024.04.10
미국	SSG	PROETF ULTRASHORT SEMICONDUCTORS	액면병합	5 : 1	2024.04.10
미국	SPXU	PROETF ULTRAPRO SHORT S&P 500	액면병합	5 : 1	2024.04.10

출처: 키움증권 호페이지

격이 하락하게 됩니다. 특히 인버스+레버리지 상품의 경우 시장 상승으로 인한 가격 하락은 회복할 수 없을 정도의 치명타를 입히기도 합니다. 가격이 너무 낮아져서 결국 주식병합을 실시하기도 하죠. 2024년 4월 3일에 실시한 ETF들의 주식병합에 대한 표를 보면, 대부분이 SHORT 상품, 즉 인버스 ETF임을 알 수 있습니다.

이처럼 인버스 ETF의 경우 투자에 심혈을 기울여야 합니다. 시장 전체적으로 놓고 봤을 때 시장은 우상향하고 있기 때문에 단기간이 아니라면 인버스 상품에 투자하는 것을 유의해야 합니다.

국내 주식시장에도 인버스 ETF가 존재합니다. 코스피 지수를 역방향으로 1배 추종하는 ETF인 TIGER 인버스, 미국의 S&P500 지수를 역방향 1배로 추종하는 ETF인 TIGER 미국S&P500선물 인버스 상품 등이 있습니다. 구체적인 상품들의 수수료나 가격 등의 정책은 다를 수 있지만, 기본적으로 동일한 지수를 추종하는 경우에 비슷한 수익률이 난다는 사실을 이해하고 투자할 수 있다면 도움이 됩니다.

ETF 상장폐지

ETF 또한 주식과 마찬가지로 '상장폐지'의 가능성이 있습니다. 하지만 상대적으로 주식의 상장폐지와는 여러 부분에서 다릅니다. 일반적으로 기업의 실적이 심각할 정도로 나쁜 수준이거나, 기업이 부도를 할 경우에 주식이 상장폐지되지만 ETF는 ETF로서의 역할을 제대로 하지 못하고 있을 때 상장폐지가 됩니다. 따라서 ETF가 상장폐지를 하게 되더라도 ETF가 담고 있는 종목의 가치는 그대로 유지됩니다.

- ETF 순자산총액이 일정 규모(50억 원) 아래로 떨어진 채로 1개월 이상 유지
- 유동성 공급자LP의 역할이 심각할 정도의 수준일 경우
- ETF의 순자산가치와 기초지수의 차이(추적오차)가 지속적으로 너무 클 경우
- ETF의 순자산가치와 거래 가격의 차이(가격괴리율)이 지속적으로 너무 클 경우

ETF 상장폐지가 확정되면, 운용사 홈페이지를 통해 ETF 상장폐지 이유와 시점을 공시하게 됩니다.

투자자들은 상장폐지 시점 전 영업일까지 해당 ETF를 매도할 수 있습니다. 그 이전까지 매도하지 않을 경우, ETF 상장폐지일을 기준으로 ETF의 순자산가치에서 보수 등을 뺀 금액을 돌려받게 됩니다.

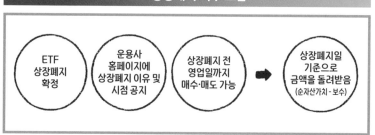

출처: 야후 파이낸스

ETF 세금

어떤 투자를 할 때든 과세 내용, 즉 세금에 대해서 잘 파악해야 합니다. 마찬가지로 ETF에 투자해 벌어들인 돈에 대해 어떤 세금을 내야 하는지는 투자 결과를 다르게 만들 수도 있기 때문에 무척 중요합니다.

ETF에 투자할 때 발생하는 세금의 종류는 크게 2가지입니다.

• 양도소득세: ETF를 거래할 때 발생하는 매매차익에 대한 세금
• 배당소득세: ETF를 보유하면서 받은 분배금에 대한 세금

| 양도소득세

일반적으로 국내에서 주식을 거래해 벌어들인 수익금에 대해서는 세금을 내지 않습니다. 물론 특정 회사의 대주주(한 종목을 10억 원 이상 보유했거나, 코스피 기준 1%의 지분을 보유한 경우)는 20~25% 이내의 양도소득세를 냅니다. 그러나 한 종목에 10억 원씩 투자한 대주주가 아닌 이상 국내 주식을 매도해 양도소득세를 낼 일은 없다고 봐도 무방합니다.

국내 ETF도 국내 주식과 주식과 마찬가지로 매매차익에 대해서

는 비과세됩니다. 즉 ETF를 사고팔아서 남긴 차익에 대해서는 어떤 세금도 부과되지 않습니다.

단, 매매차익에 대한 세금이 없다는 것은 국내 주식형 ETF에 한해서입니다. 국내 주식 ETF는 말 그대로 국내 주식시장에 상장되어 있으면서 국내 기업들로 구성된 ETF들을 말합니다. 이 ETF들을 사고팔아서 번 수익금에 대해서는 양도소득세는 내지 않습니다.

- 국내상장 국내 종목 ETF = 양도소득세 없음
- 국내상장 미국 종목 ETF = 15.4% 양도소득세 부과(배당소득세로 간주)
- 해외상장 해외 종목 ETF = 22% 양도소득세 부과

반면, 코스피나 코스닥에 상장되어 있지만, 구성 종목이 해외 기업이라면 국내상장 해외 ETF로 분류됩니다. 이들 ETF를 사고팔아 벌어들인 매매차익에 대해서는 양도소득세가 15.4% 과세됩니다. 둘의 차이점을 명확히 알고 있어야 당황하지 않을 수 있습니다.

만약 미국 시장에 상장된 미국 기업을 대상으로 하는 ETF의 경우는 어떨까요? 만약 SPY나 QQQ 같은 미국 시장에서 거래할 수 있는 ETF를 사고팔아 매매차익이 생겼다면 총 22%의 양도소득세를 납부해야 합니다. 이렇듯 ETF가 어느 시장에 상장되어 거래되고 있

는지, 어떤 종목을 포함하고 있는지에 따라서 세금의 체계가 달라지기 때문에 이를 잘 알고 거래해야 하겠습니다.

파생형 상품(레버리지, 인버스 ETF), 원자재 선물 ETF, 채권 ETF 등도 매매차익에 대해서는 15.4%의 세금이 부과되니 유의해야 합니다.

| 배당소득세

양도소득세가 아닌 분배금의 경우는 어떨까요? 분배금은 주식에서의 배당금과 동일한 의미를 가집니다. ETF를 잘 운용해서 발생하는 배당금 혹은 수익금을, ETF를 보유하고 있는 사람들에게 보유한 지분별로 나누어 주는 것을 말합니다. 따라서 분배금에 대해서는 주식의 배당금과 동일하게 14%의 배당소득세가 부과됩니다. 여기에 지방소득세 1.4%(배당소득세의 10%)가 추가되어 총 15.4%의 세금을 내게 됩니다.

분배금에 대한 배당소득세 부과	
과세내용	매매차익: 비과세 분배금: 현금분배금×15.4%

출처: 삼성자산운용 홈페이지

만약 김주주가 어떤 ETF에 투자해 1년간 100만 원의 분배금을 받았다면 내야 할 배당소득세는 전체의 15.4%인 15만 4,000원이 됩니다. 따라서 김주주가 최종적으로 받게 되는 분배금은 세금을 제하고 나머지 84만 6,000원입니다. 배당소득세는 원천징수 대상이기 때문에 증권사가 대신 납부하게 되며, 투자자가 별도로 납부 및 신고를 할 필요는 없습니다.

ETF의 분배금은 통상 분기별로 지급되는 경우가 많습니다. 배당을 전문으로 설계되고 운용되는 상품의 경우에는 1개월 단위로 배당금을 지급하기도 합니다. 삼성자산운용사의 월배당 ETF들의 상품명과 성과표를 보면 시기가 좋았던 만큼 배당ETF들의 성과가 좋음을 확인할 수 있습니다.

배당을 주는 ETF 투자해 배당금을 많이 받게 된다면 주의해야 할

월배당 ETF들의 성과표

상품명	기준가(원) 순자산(억원)	수익률 추이 1주	수익률(%)							
			1주	1개월	3개월	6개월	1년	2년	연초이후	상장이후
Kodex 고배당	10,513 / 294		2.14	2.47	3.26	7.48	24.05	22.21	14.96	41.95
Kodex 미국배당다우존스	10,115 / 2,428		1.32	-	-	-	-	-	1.29	
Kodex 미국배당+10% 프리미엄다우존스	10,112 / 576		1.00	-1.92	3.14	-	-	-	3.97	
Kodex 미국배당프리미엄액티브	10,975 / 807		0.87	-1.02	1.74	7.40	17.81	-	16.01	24.78
Kodex 대만테크고배당다우존스	9,756 / 171		0.85	-1.53	-	-	-	-	0.10	

출처: 삼성자산운용 홈페이지

점이 있습니다. 만약 배당소득과 이자소득을 합해 연간 2,000만 원을 초과해 받는다면, 금융소득종합과세 대상자가 된다는 점입니다. 금융소득종합과세 대상자가 되면 다른 소득과 금융소득을 합해 추가적인 세금 납부 의무가 발생하게 됩니다.

만약 김주주가 연간 받은 이자와 배당금의 합계가 1,500만 원으로 2,000만 원 이하라고 합시다. 이 경우 김주주가 받은 금융소득 1,500만 원에 대해서는 15.4%의 이자소득세 혹은 배당소득세가 과세되고 이를 납부하고 나면 세금 납부 의무가 종결됩니다. 이때 이자소득세나 배당소득세는 납세자가 직접 납부하는 게 아니라 원천징수자인 은행이나 금융사가 납부하는 것이기 때문에 납세자가 신경 쓸 필요는 없습니다.

그러나 만약 연간 받은 이자와 배당금의 합계가 2,000만 원을 넘

종합소득세 과세 구간 및 세율표

과세표준 구간	세율	누진공제
1,400만 원 이하	6%	–
1,400만 원 초과 5,000만 원 이하	15%	126만 원
5,000만 원 초과 8,800만 원 이하	24%	576만 원
8,800만 원 초과 1억 5,000만 원 이하	35%	1,544만 원
1억 5,000만 원 초과 3억 원 이하	38%	1,994만 원
3억 원 초과 5억 원 이하	40%	2,594만 원
5억 원 초과 10억 원 이하	42%	3,594만 원
10억 원 초과	45%	6,594만 원

어가게 되면 초과한 부분에 대해서는 본인의 다른 소득과 합산해서 세금을 내야 하는 종합과세 대상자가 됩니다. 만약 근로소득이 있는 직장인이 배당금을 3,000만 원을 받게 되면 2,000만 원까지는 15.4%의 세금을 낸 것으로 종결되지만, 나머지 1,000만 원에 대해서는 총급여와 합해 종합과세되고, 매년 5월 종합소득세 신고를 통해 세금을 납부해야 합니다. 이때 세율은 개인의 다른 소득에 따라 최소 6%에서 최대 45%까지 적용됩니다.

이처럼 국내 ETF를 매수하고 분배금을 받았다면 반드시 세금에 유의해야 합니다. 특히 배당소득세 15.4%가 적용되고, 금융소득이 2,000만 원이 넘어간다면 초과한 만큼에 대해서는 기존 소득에 더해 세율이 결정되는 종합소득세를 내야 한다는 사실도 잊지 말아야 합니다.

ETF 투자의 절세 방법

그럼 이 세금을 안 낼 수 있는 방법은 없을까요? 연금저축펀드 혹은 ISA 등에 투자하면 각 계좌의 한도별로 수익금에 대한 비과세 혜택을 받을 수 있습니다. 물론 이들 계좌에서 받은 ETF 분배금의 경우 당장 빼 쓸 수 없다는 단점이 있지만, 재투자를 통해서 더 높은 수익을 얻을 수 있으니 고려해 볼 만합니다.

연금저축계좌를 활용한 절세

연금저축펀드는 연금저축계좌를 증권사에서 개설한 경우를 말합니다. 대표적인 절세계좌로 알려져 있습니다. 보험사가 운영하면 연금저축보험, 은행이 운영하면 연금저축신탁 그리고 증권사가 운영하면 연금저축펀드 상품이 되는 것이죠.

연금저축계좌는 적립된 금액을 만 55세 이후에 연금 형태로 수령할 수 있도록 설계된 계좌로 노후 대비와 절세 효과를 가진 금융 상품입니다. 나이와 소득에 관계 없이 개설이 가능하다는 특징도 있습니다. 덕분에 아이에게 현금을 증여해 연금저축펀드에 투자하도록 하는 방식도 가능합니다(소득이 없는 주부, 대학생 등도 가입 가능함).

이름에서 알 수 있듯이 연금의 일종이기 때문에 저축한 금액에 대한 연금 수령은 55세 이후부터 가능합니다. 가입 및 납입은 최소 5년 이상 해야 하며, 수령기간은 최소 10년 이상으로 설정할 수 있습니다.

연금저축펀드가 주식투자에서 중요한 이유는 납입 금액 모두를 주식과 ETF, 주식형 펀드 등에 투자할 수 있기 때문입니다. 게다가 해외 주식과 ETF에서 받은 배당금과 분배금에 대한 세금(미국 기준

연금저축계좌 종류

운용사	이름	납입방식	특징
보험사	연금저축보험	정기납입	확정 이율
은행	연금저축신탁	자유납입	은행 투자 성과
증권사	연금저축펀드	자유납입	개인 투자 성과

15%)을 내지 않고, 연금을 받을 때까지 미룬 다음 개시 이후 3.3%의 세율로 저율과세 된다는 특징이 있죠.

세금을 뒤로 미루는 과세이연의 특징 때문에 배당금에 대한 세금 15%는 재투자가 가능하고, 이에 따라 연금 개시 때까지 원금과 배당금, 세금으로 복리 투자가 가능하게 됩니다.

ISA계좌를 활용한 절세

ISA는 개인종합자산관리계좌로서 하나의 계좌에서 다양한 금융 상품을 운용할 수 있도록 만들어진 만능 계좌로 불립니다. 은행이나 증권사에서 가입할 수 있으며, 운용방식에 따라 일임형, 신탁형, 중개형으로 나눌 수 있습니다.

대부분의 ISA는 중개형으로 가입하는 경우가 많습니다. 중개형 ISA는 증권사에서만 가입할 수 있으며, 스스로 투자상품을 선택하고 직접 매매가 가능합니다. 다만 국내 상장 주식만 매매할 수 있다는 단점이 있습니다.

ISA계좌가 ETF 투자에서 중요한 이유는 이 계좌에서 투자해 발생한 수익에 대해서는 묻지도 따지지도 않고 200만 원까지는 소득세 15.4%를 매기지 않기 때문입니다. 만약 ISA계좌에 배당을 주는 국내 상장한 ETF를 담아 배당수익이 100만 원이 나더라도 배당소득세 15.4%를 떼지 않습니다. 일반적인 절세 한도는 200만 원이며, 서민형(직전년도 총급여 5,000만 원 이하, 종합소득 3,800만 원 이하 거주자)의 한도는 400만 원입니다. 이 때문에 ISA는 ETF 투자에서 중요한 역할을 합니다. 15.4%의 배당소득세는 생각보다 높은 세율이며, 매년 200만 원까지 절세할 수 있다는 건 전체 수익률에도 큰 영향을 미치기 때문입니다.

IRP를 활용한 ETF 투자 방법

직장생활을 하고 있다면 IRPIndividual Retirement Pension를 가지고 있을 것입니다. IRP는 퇴직금을 받기 위해 반드시 개설해야 하는 계좌입니다. ISA가 소득이 없는 사람도 개설 가능했다면 IRP는 퇴직금을 받기 위한 계좌이기 때문에 소득이 있는 사람이어야 개설 가능합니다.

IRP는 개인이 은퇴를 대비해 자산을 축적하고 직접 관리할 수 있도록 만든 제도로서, 우리나라에서는 '개인형 퇴직연금제도'라고 부릅니다. 이 계좌에 납입할 수 있는 연간 한도는 1,800만 원이며 만 55세 이후에 연금 개시가 가능합니다(중도 인출도 가능하지만, 특정 사유에만 가능하며 그마저도 소득세가 부과됨). 이 상품은 세액공제라는 강력한 절세 효과를 가지며 이 때문에 직장인들이 퇴사하기 전에 IRP를 만들어 퇴직금 계좌로 운용하고, 거기에 추가적으로 납입해

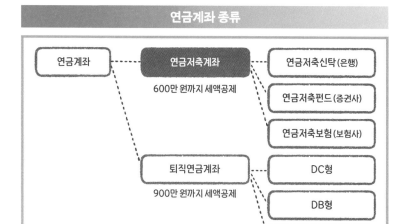

연금계좌 종류

연금계좌	연금저축계좌 600만 원까지 세액공제	연금저축신탁 (은행)
		연금저축펀드 (증권사)
		연금저축보험 (보험사)
	퇴직연금계좌 900만 원까지 세액공제	DC형
		DB형
		IRP

매년 연말정산을 받을 때 세액공제로 활용하기도 합니다.

회사에서 퇴사하게 되면 그동안 적립한 퇴직금이 모두 IRP 계좌로 입금되며 이 계좌 내에서 운용하다가 나중에 연금으로 타게 되는 상품이 바로 IRP 상품입니다. 물론 바로 해지해 현금으로 찾아쓸 수도 있지만, 이 경우 16.5%에 달하는 막대한 연금소득세를 내야 하기 때문에 웬만큼 중요한 일이 아니라면 해지하는 것을 권하지는 않습니다.

IRP 계좌에 투자할 때의 가장 큰 특징은 바로 주식에 직접 투자할 수 없다는 것입니다. IRP가 만들어진 이유는 퇴직금을 잘 보관하고 운용하면서 안정적으로 수익을 내고 이를 노후자금으로 쓰라는 것인데, 변동성과 위험성이 큰 주식에 직접 투자할 수 있게 하면 그 취지가 훼손될 수 있기 때문입니다.

따라서 IRP에서는 상장지수펀드, 즉 ETF와 리츠 등에 투자할 수 있습니다. 여기에 예적금 등 원리금 보장상품도 가입할 수 있습니다. 안정적인 투자를 할 수 있도록 해 주는 장치인 것이죠.

위험을 낮추기 위해 주식형 펀드에 투자할 수 있는 최대 한도도 70%까지만 가능합니다. 당연하게도 위험성이 높은 레버리지 상품이나 인버스 상품에도 투자가 불가능하죠. 해외에 상장한 ETF에도 투자할 수 없도록 되어 있습니다. 채권이나 금에 투자하는 ETF에도 투자할 수 없습니다. 대부분의 채권과 금에 투자하는 ETF는 선물을 기초로 하는 파생상품인 만큼 안전하지 못하다고 판단하기 때문입니다. 노후 대비 상품인 만큼 안정적인 운용에 방점을 찍고 있음을 알 수 있습니다.

IRP 퇴직연금계좌 장점

IRP의 가장 큰 장점은 강력한 세액공제입니다. 또 다른 연금상품인 연금저축과 더해 연간 900만 원까지 세액공제를 받을 수 있습니다. 직장인에게 있어 세액공제는 절세할 수 있는 가장 강력한 수단인데, 900만 원까지 공제 대상이 된다는 것은 가장 큰 장점으로 볼 수 있습니다.

세금을 줄여 줄 세액공제율은 총급여액에 따라 2개의 구간으로 나뉩니다. 5,500만 원 총급여액을 기준으로 하여 이하일 경우 16.5%가

연금계좌 세액공제 한도				
총급여		납입한도 (IRP+연금저축)	공제대상금액	공제율	공제액
근로소득	5500 이하	1,800만 원	900만 원	16.5%	148만 5,000원
	5500 초과			13.2%	118만 8,000원

적용되고 초과할 경우 13.2%가 적용됩니다. 이를 통해 최대 148만 5,000원에서 최소 118만 원 8,000원까지 세금을 환급받을 수 있게 됩니다. 정말 강력한 절세 효과죠?

물론 IRP에 가입해서 납입한도 끝까지 납입했다고 해서 연말정산에서 무조건 148만 원을 현금으로 지급받는다고 할 수는 없습니다. 세액공제라는 것이 내가 낸 세금에서 돌려받는 것이기 때문에 만약 연말정산에서 소득공제와 세액공제를 통해 이미 납부해야 할 세액이 0원이 되었다면 아무리 공제액이 크다고 한들 돌려받을 금액이 없을 수도 있게 됩니다. 따라서 본인의 소득이 적고, 부양가족이 많고, 주택 관련 이자를 많이 내거나 보험료나 교육비 등을 많이 지출하는 투자자들은 IRP를 세액공제 혜택을 위해 가입할 필요는 없습니다. 이 점은 본인이 가입 전에 지난해 연말정산 내역을 보고 확인할 수 있으니, 꼭 알아본 다음에 가입하기 바랍니다.

IRP 퇴직연금계좌 단점

IRP는 애초에 근로자의 노후 대비를 위해 설계되고 운영되는 상품입니다. 따라서 여러 가지 제약이 존재하는데, 일단 연금상품이기 때문에 5년 이상 가입해야 하며, 55세 이상부터 수령이 가능합니다. 그러므로 급하게 써야 하는 돈이 있다면 이 상품에 가입하는 것을 추천하지 않는 편입니다.

주식에 직접 투자가 불가능하고 위험자산에 최대 70%까지만 투자할 수 있기 때문에 공격적인 투자를 원하는 투자자들은 피하는 게 좋습니다. 안전하게 ETF 등에 투자해 위험성을 줄이면서 수익성도 약간 포기할 수 있는 투자를 하도록 유도하고 있기 때문에 "나는 IRP에 들어 있는 퇴직금을 2배로 불리겠어!" 같은 공격적인 목표를 가진 투자자라면 굳이 IRP 상품을 가입할 필요는 없습니다.

또한 이 상품은 중도 인출이 굉장히 까다롭습니다. 근로자퇴직급여보장법상 중도 인출 사유에 해당할 때만 중도 인출이 가능한데, 그 사유가 천재지변급에 가까울 정도로 어렵기 때문에 계획을 잘 세워서 운영해야 합니다.

중도 인출은 2가지 케이스로 나뉩니다. 연금소득세 3.3~5.5%로 중도 인출이 가능한 경우와 기타소득세 16.5%로 중도 인출이 가능한 경우입니다. 전자는 투자자 인생에 아주 큰 고비가 왔을 때 노후 준비보다 이 고비를 해결하는 것이 더 중요하다고 판단되는 때입니다. 6개월 이상 요양을 요할 때 그 의료비를 지출하기 위해, 개인회

생이나 파산을 선고받았을 경우 등이 포함됩니다. 후자는 주택구입이나 전세보증금의 지불 같은 이유가 있을 때만 가능합니다.

이렇듯 IRP는 중도 인출이 매우 어렵다는 단점이 있기 때문에, 퇴직금으로 받은 금액이 아니라면 별도 추가적인 납입은 신중히 생각해 실행하는 것이 좋습니다.

주식 투자 책: 비기너 편

초판 1쇄 발행 2024년 11월 15일
초판 2쇄 발행 2024년 12월 15일

지은이 최광자
브랜드 경이로움
출판 총괄 안대현
책임편집 심보경
편집 김효주, 정은솔, 이제호
마케팅 김윤성
표지·본문디자인 STUDIO 보글

발행인 김의현
발행처 (주)사이다경제
출판등록 제2021-000224호(2021년 7월 8일)
주소 서울특별시 강남구 테헤란로33길 13-3, 7층(역삼동)
홈페이지 cidermics.com
이메일 gyeongiloumbooks@gmail.com(출간 문의)
전화 02-2088-1804   **팩스** 02-2088-5813
종이 다올페이퍼   **인쇄** 재영피앤비
ISBN 979-11-92445-92-2 (03320)